Une économie villageoise en Côte d'Ivoire

ISBN : 2-7384-9828-0

Catherine FAUSSEY-DOMALAIN

Une économie villageoise en Côte d'Ivoire

La terre, l'école et l'exode

Préface de Patrice Vimard

Avant-propos de Denis Requier-Desjardins

L'Harmattan
5-7, rue de l'École-Polytechnique
75005 Paris
France

L'Harmattan Inc.
55, rue Saint-Jacques
Montréal (Qc) CANADA
H2Y 1K9

L'Harmattan Hongrie
Hargita u. 3
1026 Budapest
HONGRIE

L'Harmattan Italia
Via Bava, 37
10214 Torino
ITALIE

Collection Bibliothèque du Développement

Dernières parutions

Helmut ASHE, *Le Burkina Faso contemporain. L'expérience d'un autodéveloppement.*
A. DELAGE, A. MASSIERA, *Le franc CFA. Bilan et perspectives.*
Patrick GUILLAUMONT, Sylviane GUILLAUMONT, *Ajustement structurel, ajustement informel. Le cas du Niger.*
Brigitte LEVY, *L'économie indienne, stratégie de développement.*
T. NOUESSAN, *Gouvernance et politique monétaire. A qui profitent les banques centrales de la zone franc ?*, 1996.
B. BALKENHOL, Ch. LECOINTRE, *Banques et petites entreprises en Afrique de l'Ouest, 2 volumes*, 1996.
L. ARCURI, *Coopération bilatérale et expansion commerciale*, 1998.
S. FONGANG, *L'indicateur de développement humain du PNUD*, 2000
V. ALARY, *Les cacaoculteurs camerounais face aux risques. Essai de modélisation*, 2000.
Kako NUBUKPO, *L'insécurité alimentaire en Afrique subsaharienne*, 2000.
Anne JOSEPH, *Le rationnement du crédit dans les pays en développement. Le cas du Cameroun et de Madagascar*, 2000.

Collection **La Bibliothèque du Développement**
Sous la direction de Elsa Assidon

Le renouveau de l'analyse du développement depuis les années 1980 a orienté la recherche universitaire et les travaux d'expertise dans différentes directions, tout en les intégrant davantage au coeur des débats actuels de la science économique.
Croissance, équilibre macro-économique, répartition nationale et internationale des richesses, rationalités des agents, rapports entre Etat et marché, développpment financier, économie informelle, capital humain, environnement..., sont autant de thèmes sur lesquels les contributions consacrées aux pays en développement apportent désormais un éclairage original et substantiel. Ces études nécessitent une adaptation des outils d'analyse dont dispose l'économiste et contribuent à l'exploration des nouvelles hypothèses adaptées à des économies peu salarisées, ou en fort déséquilibre, ou encore en phase de mutation sturcturelle.
L'expérience acquise au cours des dernières décennies permet, en parallèle, l'évaluation des politiques de développment qui ont été menées dans le passé. La vision d'un Tiers monde unifié a éclaté et l'analyse comparative, cantonnée naguère dans le Nord-Sud, tend à se déplacer vers le Sud-Sud ; l'entrée des pays à économie planifiée dans l'économie de marché renouvelle de son côté la réflexion sur les transformations économiques et sociales dans le long terme.
Créée en 1981, la collection Bibliothèque du développement compte plusieurs dizaines de titres qui reflètent un large éventail de points de vue. Elle privilégie les travaux de qualité, notamment les études de terrain qui dépassent le recensement des données factuelles dans de nouvelles synthèses. Elle vise également à présenter des économies en développement peu connues des lecteurs francophones.

Collection **Bibliothèque du Développement**

Henri PARET, *La planification de la santé en Afrique.*
Henri ROUILLE D'ORFEUIL, *Coopérer autrement, l'engagement des organisations non gouvernementales aujourd'hui.*
Frédéric GAGEY (textes choisis et présentés par), *Comprendre l'économie africaine.*
Pierre JACQUEMOT et Marc RAFFINOT, *Accumulation et développement, dix études sur les économies du tiers-monde.*
Smaïn LAACHER, *Algérie, réalités sociales et pouvoir.*
Monique ANSON-MEYER, *Initiation à la comptabilité nationale.*
Tamas SZENTES, *Economie politique du sous-développement.*
Mohamed SALAHDINE, *Maroc, tribus, makhzen et colons, essai d'histoire économique et sociale.*
Pierre-Louis MAYNIE, *Guide des financements de projets de développement.*
André CORTEN et Marie-Blanche TAHON, *L'Etat nourricier, Mexique/Algérie.*
Dominique TABUTIN, *Populations et sociétés en Afrique au sud du Sahara.*
Elsa ASSIDON, *Le commerce captif. Les grandes sociétés commerciales françaises.*
Jacques ADDA, Elsa ASSIDON (sous la direction de), *Dette ou financement du développement.*
Claude ALBAGLI, *L'économie des dieux céréaliers. Les lois de l'autosuffisance alimentaire.*
Grigori LAZAREV, *Vers un éco-développement participatif.*
Hubert GERARDIN, *La zone franc. Tome 1 : Histoire et institutions.*
Stéphane MADAULE, *Commerce et développement. Le cas des céréales.*

AVANT-PROPOS

Le livre de Catherine FAUSSEY-DOMALAIN s'intéresse à un pays, la Côte-d'Ivoire, dont il serait difficile d'affirmer qu'il a été l'objet d'un oubli ou d'un dédain de la part de la part de la recherche ou de l'expertise en économie et en Sciences Sociales. En fait, il est depuis longtemps au centre des réflexions sur le développement.
Dans les années 60 et 70, il a constitué un des modèles de référence du développement, d'autant plus mis en valeur qu'il s'opposait à d'autres modèles centrés sur la croissance interne : citons pour rester sur le même continent le modèle algérien par exemple.
Lorsque est venu le temps de l'ajustement, l'étoile du modèle ivoirien a pâli, comme d'autres, mais la Côte-d'Ivoire s'est converti en un «élève modèle» des institutions de Bretton Woods, régulièrement référencé dans les pays ayant suivi une «bonne politique». En fait la réalité est plus complexe, en Côte-d'Ivoire comme dans d'autres pays, les politiques réelles ont résulté d'un subtil jeu de négociation et de sélection des mesures à appliquer, en fonction des atouts stratégiques des gouvernants ivoiriens et de leurs partenaires bi et multilatéraux.
Lorsque la dévaluation du franc CFA est venue sanctionner l'échec de «l'ajustement réel», un moment prôné par la coopération française, nombreux sont ceux qui ont considéré qu'elle avait été taillée sur mesure pour la Côte-d'Ivoire. En tout cas le pays est apparu assez vite comme l'exemple du succès de cette dévaluation (par opposition au Cameroun, pays de poids comparable et autre supposé bénéficiaire de la dévaluation).

Ce statut de modèle, d'exemple ou de référence, la Côte-d'Ivoire le doit en grande partie à la place qu'y occupe

l'économie de plantation dans son développement, tout au long de son histoire depuis maintenant un demi-siècle. La permanence de l'importance des revenus de l'agriculture d'exportation jusqu'à aujourd'hui en fait le prototype du modèle agro-exportateur et permet de lier très directement la politique macroéconomique et l'organisation économique et sociale de cette agriculture.
Au sein de cette agriculture d'exportation, le café et surtout le cacao occupent une place dominante, même s'il ne faut évidemment pas négliger le coton, l'hévéa ou le palmier à huile. Le cas du cacao est d'ailleurs aujourd'hui particulièrement troublant : la production continue à augmenter, la Côte-d'Ivoire étant le premier producteur loin devant ses suivants immédiats, alors qu'il ne reste théoriquement plus de réserve forestière à défricher, à l'exception des forêts classées.

L'économie de plantation ivoirienne a suscité une série de travaux de caractère géographique, anthropologique, économique, qui l'ont saisie dans ses variétés régionales et dans les différentes phases de son histoire. Les chercheurs de l'ORSTOM (Chauveau, Gastellu, Affou Yapi, Dozon, etc.) ou du CIRAD (Ruf, Losch) ont apporté une contribution irremplaçable à l'analyse de cette forme si particulière. C'est dans cette tradition, qui insiste sur l'importance du travail de terrain et d'une observation micro sociale des pratiques, que s'inscrit le livre de Catherine FAUSSEY-DOMALAIN. Sa contribution à l'étude de l'économie de plantation dans une zone particulière constitue déjà en soi une partie de l'intérêt de son ouvrage. Mais elle apporte des dimensions particulières à l'examen de cette réalité :
D'abord par le terrain qu'elle étudie justement, région de «vieille» économie de plantation, parvenue au bout de son cycle de vie, mais aussi région proche de la grande métropole abidjanaise, presque la grande banlieue, ce qui lui permet une vision particulière des relations notamment de migration qui

s'établissent entre cette zone caféière et cacaoyère et la ville. Cette proximité avec Abidjan agit en quelque sorte comme une loupe grossissante, notamment pour la mise en évidence de toute la complexité des relations au sein des unités domestiques entre migrants et résidents.
Ensuite par sa volonté d'analyser une information très complète, mais que l'on aurait pu taxer de monographique, en s'appuyant sur un certain nombre de concepts de la théorie économique, des organisations et de l'innovation jusqu'ici peu investis dans l'approche du comportement d'unités domestiques, fussent-elles le support d'une activité de production. Elle met notamment en évidence la «dépendance par rapport au chemin» de la trajectoire suivie par ces comportements, au fur et à mesure que ces unités et les individus qui les composent sont confrontés au changement de leur environnement...

Ces choix analytiques lui permettent de développer une thèse : même sans minimiser l'importance du contexte international des marchés de matières premières, la crise de l'économie de plantation apparaît pour une large part comme le produit de facteurs internes : elle est l'effet d'un choix, en rationalité procédurale, d'acteurs pour lesquels cette activité s'inscrit dans une stratégie que l'on peut qualifier d'ascension sociale. La crise est plutôt alors dans la raréfaction des opportunités urbaines de cette ascension sociale.

Pour l'établir, elle met en évidence le rôle de la séquence scolarisation-urbanisation dans l'évolution et «l'aporie» de ce système de plantation.
Cette aporie qui se traduit par la diminution des revenus peut être l'effet de contraintes qui s'exercent sur les planteurs, comme par exemple la saturation foncière. Mais dans cette région, pourtant exploitée depuis longtemps, il y a encore des réserves, privées, parfois illégales, prises sur les forêts classées, qui permettent la poursuite de la défriche de la «forêt noire». En revanche le maintien de pratiques culturales extensives, la

dégradation des plantations, la méfiance vis-à-vis des organismes de soutien, l'absence d'intérêt pour les cultures vivrières malgré la proximité du marché abidjanais obligent à considérer que cette aporie puisse être le résultat d'un choix. Il y a un parallèle
le cycle de vie du planteur et le cycle de vie de sa plantation. L'aporie du système ne peut pas être uniquement liée à des causes externes mais aussi à des facteurs internes de dynamique du système marqué par le choix fait d'une économie de plantation extensive, étape vers la scolarisation et l'urbanisation des générations suivantes, et qui n'a donc pas vocation à s'intensifier. L'auteur insiste notamment sur le caractère précoce de la scolarisation, créateurs de routines organisationnelles au sein des unités domestiques. Il montre le caractère de décision collective de ce processus de migration.

Enfin l'ouvrage ne se contente pas d'identifier les règles qui régissent les choix effectués par les individus, il montre comment évoluent au sein de cette société, sous l'effet des modifications de l'environnement, les règles et des contrats, que ce soit les règles d'héritage patrilinéaire, les nouvelles formes d'intervention de l'Etat, l'évolution des contrats de travail avec développement des associations de jeunes déscolarisés, le changement des rapports hommes femmes.

Ce livre n'est pas seulement une contribution à la connaissance de l'économie et de la société ivoirienne, il ouvre des pistes d'analyse qu'il ne convient pas de laisser se refermer.

Denis Requier-Desjardins
Professeur, Université Versailles-Saint-Quentin en Yveline

PREFACE

Le devenir des sociétés agricoles est une question majeure pour le développement du continent africain. Ceci est particulièrement vrai lorsque cela concerne une population comme celle des Akyé qui fut pionnière dans l'établissement puis le développement des cultures de cacao et de café et du système de l'économie de plantation. Système qui a, au fil du XXe siècle, structuré le territoire et la société de la Côte-d'Ivoire, tout en assurant le fondement économique de l'exemplaire «miracle économique ivoirien» et en influant sur l'ensemble du développement socio-économique de l'Afrique de l'Ouest.
A cette question complexe, qui concerne aussi bien les transformations de l'environnement que la dynamique démographique, la croissance économique et les solidarités familiales, l'ouvrage de Catherine Faussey-Domalain apporte un éclairage important fondé sur les matériaux de terrain riches et nombreux, recueillis par l'auteur lors de plusieurs séjours au sein des villages akyé de Memni et Montézo, dans le Sud-Est ivoirien.

La première partie de l'ouvrage, «l'économie de plantation villageoise», intéressante, vivante et bien documentée, dresse un bilan du développement de l'économie de plantation en Côte-d'Ivoire. Au terme de cette partie illustrative, l'auteur nous montre l'intérêt d'une utilisation des concepts et des apports analytiques de la théorie des organisations pour décrypter les dynamiques économiques et sociales.

La deuxième partie de l'ouvrage, «l'aporie du système de production : choix ou contraintes» constitue une analyse des différents éléments du système d'exploitation. Analyse à travers laquelle nous appréhendons la manière dont s'articulent, pour chacune des familles, la taille de l'exploitation, les réserves en forêt, la nature des cultures pratiquées, le montant des revenus et l'utilisation de la main-d'œuvre familiale. Cette analyse permet également de comprendre l'importance d'éléments extérieurs à la production agricole comme les stratégies de scolarisation et d'insertion urbaine poursuivie par les planteurs à travers leurs enfants. Le lecteur assiste ainsi à une véritable histoire en résumé de l'économie de plantation à l'échelle des deux villages et gageons qu'il sera passionné par la course à la forêt, la monté progressive de la saturation foncière, l'attribution des forêts classées... qui nous montrent les inégalités croissantes entre les familles selon leur dynamisme démographique, leur capacité économique et leur poids politique. Le lecteur appréciera tout particulièrement dans cette partie, qui nous trace le parallèle entre le cycle de vie du planteur et celui de son exploitation, la mise en évidence des contraintes au fonctionnement du système extensif de production des cultures de rente (le manque de terre, l'insuffisance de main-d'œuvre, le défaut de numéraire) et les blocages contemporains qui s'opposent aujourd'hui à la mise en place d'un système plus intensif (le refus de la nouveauté et de la prise de risque, le défaut du crédit pour investir, les moyens techniques limités, la recherche d'opportunités non-agricoles).

La troisième partie de l'ouvrage, «les stratégies des planteurs» ainsi que la conclusion nous proposent une lecture des stratégies de reproduction économique et sociale, à la fois concurrentes et dépendantes, des planteurs et des originaires des villages émigrés à Abidjan. Cette partie comprend une analyse des contextes historiques et géographiques qui déterminent l'orientation de la société villageoise : la proximité d'Abidjan, le rôle de l'État conditionnant une course à la terre sous informations inégales. Dans ce cadre, l'auteur insiste à juste titre sur la stratégie de scolarisation et d'urbanisation qui requiert tous les moyens des planteurs et suscite différentes transformations des relations sociales et des rapports de production : l'évolution des règles de transmission (du matrilinéaire au patrilinéaire), l'émergence de contrats de travail entre homme et femme, de contrat «d'assistance» entre parent et enfant, l'adaptation de la résidence des groupes domestiques de plus en plus bipolaires entre ville et campagne. Au-delà de cette modification des rapports sociaux au sein des groupes domestiques et de l'apparition de nouvelles formes d'entraide selon des modes marchands, l'auteur analyse l'irrésistible montée en puissance des cadres urbains, ces «nouveaux notables», par essence «absentéistes», mais à l'influence ô combien pressante dans les décisions politiques et économiques. Ce pouvoir des originaires urbanisés, qui ont pénétré, pour certains, les plus hautes sphères du pouvoir d'Etat, correspond au vieillissement, à la perte de capital humain et à l'échec des retours à la terre des villageois.

Ainsi, cette analyse historique, riche et argumentée, du développement de la scolarisation et de l'insertion urbaine met-elle en évidence la formalisation d'une certaine hiérarchie entre les familles akyé quant au pouvoir politique, économique et social. Cette société confortée par la priorité à la scolarisation, qui permet l'insertion dans une extériorité urbaine et étatique, s'en trouve paradoxalement ébranlée lorsque surgissent, avec la crise des années 1980, les difficultés d'insertion dans les activités urbaines des plus jeunes et des plus mal lotis en terme de capital familial et social. En effet, puisque les villageois fondent leur système de reproduction sur l'articulation rural-urbain et l'intégration de certains de leurs descendants dans l'appareil d'État, davantage que sur la simple reproduction de l'économie de plantation, en tant que système d'exploitation, leur équilibre social se trouve tout d'abord entamé par la détérioration des conditions macro-économiques, puis dans un deuxième temps par l'impossibilité à changer de logique lorsque les conditions de l'extraversion urbaine ne peuvent plus être réunies.

L'ouvrage de Catherine Faussey-Domalain constitue une étude remarquablement documentée de la perte de substance d'une société villageoise confrontée à un accroissement des contraintes locales et nationales qui s'exercent sur son renouvellement. Il nous fournit une analyse précise du fonctionnement d'un mode d'exploitation agricole qui conduit à l'entropie du système villageois au sens strict, puis nous montre comment la prise de pouvoir des groupes urbanisés conduit à une régénération (une néguentropie en quelque sorte) dans un cadre élargi de fonctionnement incluant le monde urbain mais selon des structures plus hiérarchisées et des stratégies plus clientélistes. La société rurale akyé voit ainsi son avenir assuré par une articulation puis une dépendance de plus en plus affirmée et de plus en plus pesante envers son double urbain.

Cette histoire particulière éclaire une trajectoire commune, au-delà des spécificités, à bien des populations rurales africaines qui se trouvent en cette fin du XXe siècle de plus en plus intégrées aux marchés et aux dynamiques urbaines.

Patrice Vimard
Directeur de recherche, IRD

PREMIERE PARTIE

L'ECONOMIE DE PLANTATION

CHAPITRE 1 : LE CONTEXTE.

L'ECONOMIE DE PLANTATION VILLAGEOISE ?

L'économie de plantation se rencontre, par définition, dans des zones tropicales telles qu'en Afrique forestière, en Asie ou en Amérique Latine. En Côte-d'Ivoire, elle concerne essentiellement les plantations de café et de cacao. Mises en valeur par les colons européens au début du siècle, ces terres furent exploitées par une main-d'œuvre locale gratuite régie par les lois sur le travail obligatoire[1]. Très vite, les autochtones rejettent ce système et le récupèrent à leur profit (J.P. Chauveau- J.P. Dozon, 1985). Cette appropriation conférera à l'économie de plantation son caractère villageois.

Dans un premier temps, la mise en production et l'exploitation des plantations, concomitantes à la période coloniale, ciblent le binôme café-cacao. Dans un second temps, elles s'étendront à une deuxième génération de produits (palmier à huile, cocotier, hévéa, ananas), dont certains se trouvaient déjà présents à l'état sub-spontané avant de faire l'objet d'une culture de rapport.

Après son accession à l'Indépendance en 1960, la Côte-d'Ivoire fait de la paysannerie le cheval de bataille de son développement économique et se polarise plus particulièrement sur la production des cacaoyères et des caféières. Les cultures tropicales vont rapidement concerner la majeure partie de la population active et constituer la principale source de revenu de l'Etat.

---

[1] Ces mesures seront abolies en 1946.

En effet, les profits dégagés par la Caisse de Stabilisation[2] qui gère la vente de ces cultures à l'exportation[3], ont permis de financer la politique économique nationale et d'assurer le développement du pays. Cette politique s'appuie sur un seul agent économique : le planteur, qui se verra longtemps protégé de la concurrence extérieure par le biais du prix garanti au producteur. Cette minimisation des risques déterminera beaucoup de vocations d'exploitants. La spécialisation dans les cultures pérennes et l'attachement à cette forme d'économie agricole, orientera le pays vers une intégration à la division internationale du travail. Cet engagement favorisera l'émergence d'un système d'échange soumis aux variations de l'économie du reste du monde. Il aura également pour corollaire la dépendance d'un pays producteur face aux aléas du marché mondial. La stagnation de la consommation, la surproduction ou encore la spéculation en sont quelques conséquences.

Le schéma de production ivoirien repose sur deux structures : les plantations agro-industrielles d'une part et les plantations villageoises d'autre part :

- <u>Les plantations agro-industrielles</u> sont le plus souvent le fruit de sociétés sous la coupe de l'Etat, avec une organisation et une gestion de nature capitaliste (main-d'œuvre salariée, comptabilité...). Seules sont concernées les cultures de la seconde génération, pour la plupart issues des grandes plantations de la période coloniale (ex. : les bananeraies des Européens).
- <u>Les plantations villageoises</u>, propriétés de particuliers nationaux ou étrangers sont mises en place et gérées par les paysans. Elles fonctionnent avec des moyens financiers et matériels restreints et une main-d'œuvre essentiellement

---

[2] C.S.S.P.P.A. (Caisse de Stabilisation et de soutien des Prix des Produits Agricoles. Elle est communément appelée Caisse de Stabilisation ou caisse stab, nous emploierons le premier terme dans la suite du document.

[3] Voir <u>infra</u>, Caisse de Stabilisation.

familiale. Les superficies exploitées par ces propriétaires villageois diffèrent selon les régions mais demeurent moindres que celles du secteur industriel et portent essentiellement sur les cultures cacaoyères, caféières et vivrières.

Les premières plantations de caféiers et de cacaoyers voient le jour dans le Sud-Est de la Côte-d'Ivoire, au début du siècle. Elles sont mises en place et régies par les Européens qui font appel à la main-d'œuvre autochtone par le biais des mesures administratives, qui réglementent le travail obligatoire. Ce système ne recueille pas l'assentiment des populations locales qui s'y opposent et se l'approprient. Par suite, vers 1930, le "dynamisme indigène"[4] oblige les autorités coloniales à abandonner les plantations collectives au profit des plantations villageoises individuelles. Ces nouveaux acteurs acquièrent progressivement leur autonomie en se démarquant des services administratifs, notamment pour leur approvisionnement en semences. Libérés du contrôle de l'administration, ils adoptent un système de production correspondant à leurs aspirations. Cette adoption se traduit par la coexistence des productions pérennes et vivrières selon une logique qui leur est propre, les premières sont destinées à la vente et les secondes à l'autoconsommation.
Ce système foncier, présent tout d'abord dans le Sud-Est du pays (1930), s'étend progressivement au Centre-Ouest (1950) puis plus tardivement à l'Ouest (1970) sous la forme de fronts pionniers. La zone Sud de la Côte-d'Ivoire sera privilégiée dans cette expansion en raison de ces conditions climatiques favorables. La zone Nord participera au procès de développement par le biais des migrations de travailleurs. En effet, une partie de la population du Nord, notamment les travailleurs originaires du Burkina-Faso, loue ses services dans

[4] Chauveau (J.P.) et Dozon (J.P.), 1985.

les plantations du Sud. Ces mouvements provoqueront un important brassage ethnique et social.
En quelques décennies, une vaste zone forestière est mise en valeur. Elle transforme la Côte-d'Ivoire en un pays agricole où les cultures de traite tiennent une place prépondérante[5]. Diverses actions incitatives de l'Etat, telles que la garantie des prix aux producteurs ou l'assurance d'une commercialisation, vont créer une dynamique favorable à cet essor. Ces actions seront doublées de mesures propres à faciliter la pérennité du système extensif de culture : immigration aisée pour les manœuvres allogènes, intervention minime de l'Etat dans le patrimoine foncier.
Ces transformations auront des répercussions directes sur le système de culture. A un système, dominé par les cultures vivrières, destinées à l'alimentation et auto-consommées par les producteurs, succède une économie où cultures arborées et vivrières s'associent et se complètent selon un mode d'articulation complexe. L'organisation de l'espace et l'écosystème se verront modifiés.
En favorisant l'extension de nouvelles plantations, au détriment du patrimoine forestier, le pouvoir politique a induit un accroissement des productions, mais sans amélioration notable des rendements. Cette évolution a été facilitée par le cours avantageux du duo café-cacao, avec un essor particulier à partir de 1950, période de forte hausse du cours du café.
Au fil des ans, les surfaces agricoles vont croître ainsi que la densité démographique et engendrer de nombreux problèmes fonciers. Tous ces facteurs combinés induisent un exode rural qui, dans un premier temps, devance la croissance urbaine. Grâce à l'expansion économique, ce schéma fonctionne sans heurts. Dans un second temps, la ville subit la crise

---

[5] Ces cultures destinées à l'exportation permettent à la république de Côte-d'Ivoire de devenir le premier exportateur mondial de cacao (avant le Brésil). Par ailleurs, elles procurent au pays environ 40 % du P.I.B. et rassemblent 56 % de la population rurale.

économique[6] et ne peut plus absorber ce surplus de population. Une inversion des flux s'avère donc nécessaire mais problématique face au blocage foncier et aux nouvelles aspirations des jeunes.

L'économie de plantation vit alors une phase de mutation. Elle se trouve confrontée à un blocage foncier, à des problèmes de main-d'œuvre, à une concurrence très vive de nouveaux pays producteurs, à une baisse du prix garanti au producteur et à une dévaluation du franc CFA. Pourtant, les raisons avancées par les instances gouvernementales pour expliquer la crise remettent peu en cause le mode de production. Celui-ci repose sur l'extensivité, donc sur une dégradation progressive de la couverture forestière et sur un développement conjugué (cacao, café). Ces choix, opérés au détriment de la diversification de l'économie, posent des problèmes structurels importants. Aussi, une reconversion de certaines zones vers d'autres produits, d'autres activités ou l'adoption d'un nouveau système de production s'avère nécessaire.

LES GRANDES PHASES DU DEVELOPPEMENT

Au début des années 80, 65 à 70 % des recettes de l'Etat ivoirien proviennent de la vente du cacao et du café. Cette spécificité entraîne rapidement une dépendance de la Côte-d'Ivoire envers les pays consommateurs, et rend son économie particulièrement vulnérable à la moindre variation des cours. Les chocs pétroliers de 1973 et 1978, en provoquant une crise chez les pays acheteurs de matières premières, vont engendrer des perturbations au niveau des équilibres macro-économiques, des taux de change des monnaies et des conditions d'emprunts. Par contrecoup, ces pays limitent leurs dépenses d'importation et

---

[6] Instabilité des cours des matières premières, dévaluation du franc CFA vis-à-vis du francs français mais aussi accroissement des taux d'intérêt internationaux.

accroissent leurs prix à l'exportation. Par ailleurs, à la fin des années 80, une surproduction mondiale de l'offre de café et de cacao, due à une concurrence croissante des pays asiatiques, atteint la Côte-d'Ivoire de plein fouet. Ceci occasionne d'importantes fluctuations qui handicapent la croissance économique du pays.

Une concurrence internationale vive

Les cultures pérennes ont connu des jours prospères liés à une période de cours favorables, qui se conjuguait à une bonne productivité d'exploitations jeunes donnant leur plein rendement. Ainsi, d'importants revenus étaient assurés à long terme et rien ne semblait justifier une remise en cause de ce système de culture. Cette prospérité se trouvait accentuée par un marché sans compétition sérieuse[7] du fait des difficultés rencontrées par les concurrents des premiers temps : Ghana[8]et Nigeria.
Dès 1980, l'Asie et l'Amérique Latine exercent une concurrence sévère. L'Indonésie et la Malaisie, par la qualité de leur encadrement, leurs rendements élevés[9], le suivi technique et commercial des producteurs, se sont imposé rapidement sur le marché mondial.
Seule la réputation de qualité du cacao ivoirien a permis à la Côte-d'Ivoire de se maintenir sur le marché international.

[7]Ghana et Côte-d'Ivoire bénéficient d'une main-d'œuvre importante en provenance de la Haute Volta à la différence d'autres pays africains tels que le Togo (main-d'œuvre nationale) ou le Cameroun (travail familial). Cet avantage leur permet d'accumuler des plus-values considérables sur des travailleurs pour lesquels ils ne prennent pas en charge les coûts de reproduction.

[8]A la suite «d'erreurs politiques (refoulement de la main-d'œuvre, stagnation des prix au producteur, désorganisation de la production), le Ghana connaît une forte régression économique et en moins de vingt ans abandonne la place de premier producteur mondial à la Côte-d'Ivoire.

[9] Les rendements à l'hectare des plantations en Malaisie oscillent d'une tonne et demi à deux tonnes, en Côte-d'Ivoire cette moyenne atteint 450kg/ha.

L'évolution des marchés

Face aux nouvelles contraintes qui pèsent sur son agriculture, la Côte-d'Ivoire passe, en quelques années, d'une phase de financement d'une bonne partie de son économie nationale par les cultures arbustives, à une situation de dépendance extérieure.

La prospérité : 1965-1975

Entre 1965 et 1975, le taux de croissance annuel du P.I.B. (Produit Intérieur Brut) de la Côte-d'Ivoire atteint 7,9 % en valeur réelle. Ceci correspond à l'expansion des cultures d'exportation, dont la production augmente de 7,3 % au cours de cette période. Les productions vivrières, quant à elles, connaissent une croissance de 1,7 % par an, le taux de croissance démographique avoisine les 4 %, ce qui nécessite des importations accrues de biens alimentaires.

Premiers signes de dépression : 1975-1980

Après un emballement des cours[10], une forte dépréciation intervient entre 1978 et 1980 qui se traduit par une baisse des prix de 30 %. Cette dégradation engendre une récession dans le pays, amplifiée par l'augmentation du prix des produits importés, suite aux répercussions de la crise pétrolière de 1973. Cette situation intervient alors que la superficie du verger a doublé en dix années ; et que la Côte-d'Ivoire devient le premier producteur mondial de cacao.

L'effondrement

Les signes précurseurs d'un effondrement s'observent au cours de l'hiver 1979. Houphouët Boigny retire le cacao ivoirien du marché, espérant ainsi faire remonter les cours mondiaux.

[10] 1977, flambée des prix due aux méfaits des gelées sur les plantations du Brésil puis à la sécheresse qui s'abat sur le Salvador, la Colombie et au Guatemala.

Ceux-ci se maintiennent à 150 cents par livre tout au long de l'année 1979 pour atteindre 97 cents la livre en juin 1980[11], quand la Côte-d'Ivoire doit se résoudre à vendre son stock.
Après 1981, la situation ne cesse de se dégrader. Ce n'est qu'en juillet 1986, après des mois de négociations, que la Côte-d'Ivoire accepte de signer l'accord cacao, aux conditions imposées par les pays consommateurs. La chute des cours mondiaux, liée aux excédents de fèves et à la stagnation de la demande, a eu raison de l'intransigeance de Félix Houphouët Boigny. Cet accord devient néanmoins caduc moins d'un an après sa signature laborieuse. En effet, le règlement de l'Organisation Internationale du Cacao (I.C.O.) prévoit qu'au-delà de l'achat d'un stock de 75 000 tonnes, toute intervention cesse en attendant la mise en place d'une fourchette mieux adaptée à l'évolution du marché. Ce tonnage est rapidement dépassé et le 9 juillet 1987, le cacao ivoirien est de nouveau retiré de la vente. A cette date, le prix d'achat au planteur est de 400 FCFA[12], le transport, la collecte, le conditionnement et le stockage reviennent à 300-350 FCFA, ce qui fait un prix sorti du cacao à 700-750 FCFA. A l'été 1987 le prix de vente à l'exportation est de 500-550 FCFA.
Le 05 octobre 1989, après 27 mois de blocage des ventes, le gouvernement ivoirien décide de réduire le prix au planteur à 200 FCFA. Ces 27 mois d'attente lui vaudront de perdre 20 % du marché. Cette résistance tenace à une réduction du prix garanti traduit tout à la fois la symbolique du planteur pour la Côte-d'Ivoire et l'échec de la politique économique. L'écroulement du cours du café suivra une voie parallèle. En octobre 1985 lors des discussions de Genève, les premiers craquements de l'accord café apparaissent, suivis par un

---

[11] Solidaires, les pays membres de l'accord sur le cacao acceptèrent de ne pas vendre leur marchandise en deçà d'un cours minimal. Mais chacun d'entre eux honorera ses contrats de livraisons (Brésil, Nigeria, Ghana, Cameroun), le rêve d'une entente entre pays producteurs se brise à cette période.
[12] 1 francs CFA équivaut à 2 Francs français

éclatement total en février 1986. Dès lors, les seules lois du marché régissent le produit, avec des ventes hors quota. L'accord ne reprend qu'en octobre 1987.

La chute des cours de cultures pérennes a considérablement aggravé l'endettement extérieur de la Côte-d'Ivoire. Avec l'effondrement simultané des cours du cacao et du café et malgré le doublement de sa production entre 1980 et 1986, les recettes de la Côte-d'Ivoire passent d'une valeur proche de 120 milliards de FCFA, à 22 milliards de FCFA. Par la suite, le pays sera confronté à une inflation importante et a de graves difficultés économiques. Ceci aura comme conséquence une chute des revenus qui se répercute au niveau des petits planteurs par la baisse du prix garanti. Pour ces derniers, les incidences sont particulièrement catastrophiques. La baisse du pouvoir d'achat est directement ressentie dans les familles.

Les aléas des prix garantis

Deux caisses de stabilisation sont mises en place en 1954, l'une pour le cacao, l'autre pour le café. Elles vont fusionner en 1962 et devenir sociétés d'Etat en 1964, sous la double tutelle des Ministères de l'Agriculture et de l'Economie et des Finances. La Caisse de Stabilisation intervient dès la campagne 1963-64 pour fixer un prix garanti aux producteurs[13], suite à la fluctuation des cours du marché mondial et pour assurer une certaine péréquation d'une année sur l'autre. Son domaine d'intervention porte sur sept produits : le café, le cacao, le coton, le coprah, les bananes, les palmiers à huile et le tabac ; mais les quatre premiers absorbent presque toutes ses activités.
Les revenus de la caisse proviennent de la différence entre le prix CAF[14] de vente, cours du marché mondial, et le prix CAF

[13]L'année caféière et cacaoyère ne commence qu'après la publication du décret présidentiel (en octobre) fixant les dates d'ouverture des opérations de commercialisation et les prix d'achat aux producteurs.
[14] Coût Assurance Fret – prix du produit au port de débarquement.

de revient calculé dans le différentiel. Ce différentiel[15] correspond au barème établi par la Caisse de Stabilisation et fixe le prix de la commercialisation du produit, du producteur jusqu'au port d'Abidjan. Lorsque le prix FOB est supérieur à celui prévu par le "différentiel", les recettes récupérées sont mises à la disposition de l'Etat. Inversement, lorsque ce prix est inférieur, la caisse paie la différence à l'exportateur. Ainsi, au travers des exportations de cacao et de café, la Caisse de Stabilisation procure à la Côte-d'Ivoire une grande partie des devises nécessaires à son expansion économique[16] et permet d'accroître les capacités d'investissements de l'Etat[17]. «*Sur la période 1970-1988, ce sont 700 milliards de francs qui ont été transférés à d'autres secteurs de l'économie, essentiellement via la mise en place de projets et de sociétés publiques ou parapubliques*» (B. Losch, 1989).

Longtemps bénéficiaire, la Caisse de Stabilisation a pu assurer aux planteurs un prix garanti rémunérateur. Pourtant elle a dû céder le pas devant la pression du marché international et baisser ce prix de moitié, l'état d'endettement devenant trop élevé pour supporter plus longtemps une assistance importante aux producteurs.

MILIEU NATUREL ET EMPRISE SPATIALE

Le milieu naturel

Notre recherche (Cf. Fig. 01) se situe en Basse Côte-d'Ivoire, zone pionnière qui a connu une forte phase d'expansion

---

[15]Un "différentiel" reprend tous les postes de dépenses depuis le centre de collecte jusqu'au point d'embarquement. Il détermine ainsi la valeur théorique FOB de revient (Produit prêt à l'embarquement) à partir duquel on peut calculer le prix CAF de revient (prix garanti) pour chaque campagne.

[16]La caisse reverse 100 FCFA pour chaque kilo exporté au trésor public en cas de bénéfice.

[17]"La "caisse" celle où, à l'occasion on puise à deux mains", Gombeaud et all, 1988.

économique, notamment dans les années 50. Depuis, elle est confrontée à des difficultés croissantes, liées à un environnement économique national et international de plus en plus défavorable, mais aussi à des facteurs inhérents à la zone et à la société étudiée. Parmi ceux-ci, nous pouvons retenir des facteurs naturels tels que la médiocre qualité de la terre et sa très grande sensibilité à l'érosion. Ainsi, on assiste à une disparition quasi totale de la forêt sous l'effet de la pression foncière. Après une phase d'exploitation modérée en cultures vivrières puis en plantations "semi-extensives", qui s'est traduite par un défrichement intégral du couvert forestier, a suivi une phase de brûlis successifs. Désormais, les cultures se pratiquent sur des terres sans ombrage forestier. Ce qui a pour conséquence de laisser le sol exposé aux précipitations et à la chaleur. Suite à la dégradation du réseau racinaire des arbres, le capital humus plus cendres obtenu après le brûlis, disparaît rapidement sous l'effet de l'érosion. On assiste alors à une altération rapide de ces sols fragilisés.

Nous sommes alors en présence d'un terroir relativement homogène en raison de la médiocre qualité de la terre. Des rendements élevés ne pourront être obtenus que par d'importants investissements en fertilisants, insecticides ou techniques nouvelles.

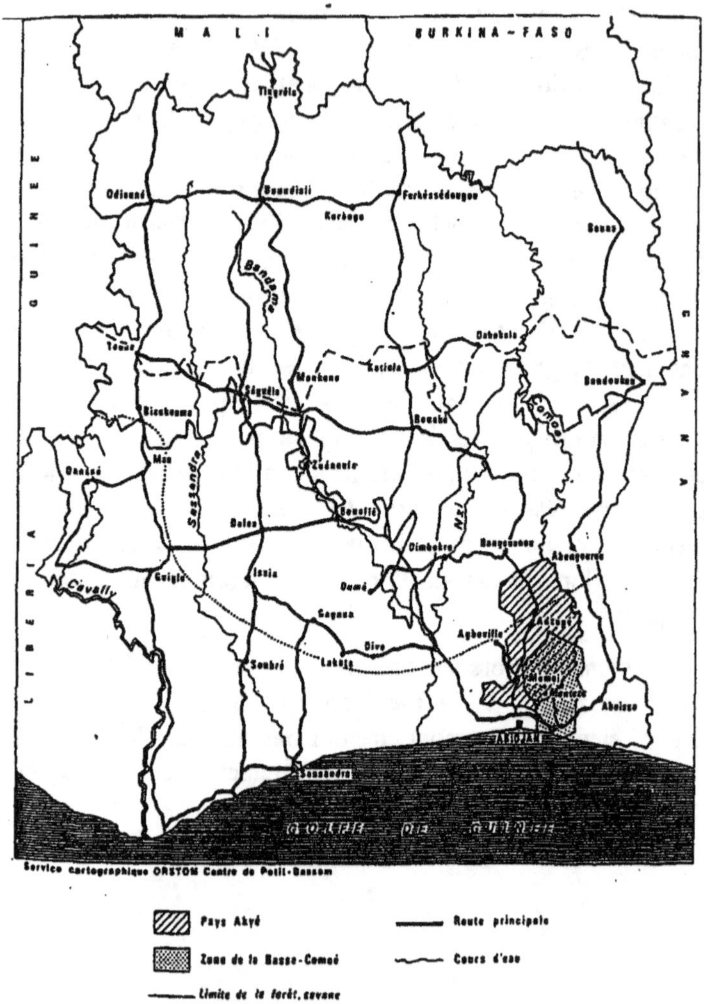

Figure 1 : Carte de situation du pays Akyé
et de la Basse Côte-d'Ivoire

La disparition de la couverture forestière

L'appropriation de l'espace par l'homme, liée au développement de l'agriculture, s'est faite au détriment de la forêt primaire et a modifié de façon irréversible l'écosystème initial.

D'une disponibilité de l'espace, on passe à une situation de pénurie de terres, qui peut s'analyser en trois phases[18] :

La première, la plus étendue, correspond à la période où l'écosystème était en situation d'équilibre. La région était couverte dans sa totalité de forêts primaires, que les hommes morcelaient par endroits afin d'y pratiquer des cultures sur brûlis. Lorsqu'un épuisement des sols ou des terrains de chasse et de cueillette apparaissait, la migration se faisait naturellement sans que l'espace puisse en être un facteur limitant.

La deuxième phase correspond au début du processus de déséquilibre de l'écosystème lors de la période coloniale. Les mécanismes d'empiétement sur la forêt suivent des modalités parallèles :

- Mise en exploitation des ressources forestières qui a pour effet de produire un pré-défrichement et d'ouvrir de nouvelles voies d'accès aux agriculteurs.
- Mise en application des diverses cultures de traite.
- L'ampleur du morcellement de la forêt primaire, notamment par le biais de l'exploitation forestière, incite l'administration coloniale à classer une partie des forêts afin de remédier à leur destruction.

Dans la troisième phase de nombreux facteurs vont concourir à l'accélération du processus.

[18] Cette reconstitution à été élaborée grâce aux travaux de G. Rougerie (1957) et de la SEDES, 1967.

- L'intérêt économique des cultures pérennes (ouverture du marché mondial, rentabilité accrue, politique agricole favorable) accroît les superficies exploitées.
- L'accès à la terre, pratiqué selon un droit d'usage, devient plus aisé lorsque les forêts primaires passent dans le domaine de l'Etat.
- L'accroissement rapide de la population augmente les besoins en produits vivriers.

La poussée démographique et l'appauvrissement des sols poussent les planteurs à empiéter sur la forêt. Le cas de la forêt de Memni semble exemplaire à cet égard. En 1934, les autorités coloniales classent 14 000 hectares, quarante ans plus tard, sous la pression des planteurs, la forêt sera entièrement déclassée[19]. Il ne reste de la forêt primaire, qui autrefois couvrait la région, que quelques forêts "classées" qui occupent des surfaces de plus en plus réduites.

LA SPECIALISATION DANS LES CULTURES PERENNES

En prenant le relais des autorités coloniales, l'Etat ivoirien en la personne de Félix Houphouët Boigny, s'est attaché à pratiquer une politique qui privilégiait un secteur clé de son économie : l'agriculture. Cette politique conduira en quelques années l'ensemble du monde rural forestier à se mobiliser pour les cultures arbustives, ainsi en 1989 le pays compte 4,8 millions de ruraux (B. Losch, 1989) soit 45 % de la population totale.
Cependant, chaque région aura sa spécificité liée à ses conditions historiques et économiques.

[19] Cf. Infra « une limitation de l'espace ».

L'évolution de la zone

Nous avons appréhendé cette perspective de l'évolution du système sous deux aspects[20] :

- L'année de création de la plantation et le nombre de plantations créées sur une année illustrent la dynamique du système.
- L'année de création des parcelles permet une approche de la dynamique du planteur au niveau de la plantation.

Les premières plantations[21] de la zone, encore exploitées à la date de l'enquête, voient le jour en 1927. Jusque vers 1940, les créations demeurent prudentes (moins de 1 % par an), à partir de cette époque, le mouvement s'accélère et le nombre de nouvelles unités va croître régulièrement à un rythme supérieur à 2 % par an.
Ce développement connaît des pics assez marqués. Les dix premières années (1927-1938) verront apparaître 8 % des plantations, ce qui équivaut à une croissance de 10 %. En l'espace de six ans, 10 autres pour-cent vont se créer. Le même pourcentage sera atteint au cours des quatre années suivantes (1945-1948), puis de trois autres années (1950-52). Le mouvement se ralentira ensuite quelque peu jusqu'en 1957 pour subir de nouveau un très fort développement entre 1958 et 1960. Les créations de plantations vont ensuite se réduire, malgré quelques soubresauts notables. Le taux de croissance (1 % par an) initial est presque retrouvé en 1978-86.
Jusque vers la fin des années 60 les planteurs manifesteront une préférence pour le cacao, pour connaître ensuite près de dix ans de partage avec le café. Les créations sont de plus en plus nombreuses les années suivantes, mais le pourcentage des

[20] La dynamique du système, présentée ici, s'applique à une population, constituée de planteurs âgés.
[21] Nous employons le terme plantation dans le sens exploitation globale du planteur (cultures pérennes, réserve et cultures vivrières).

parcelles plantées en cacaoyers diminue régulièrement montrant la désaffection des planteurs.
Le café apparaît dès 1945 avec un développement plus marqué à partir de 1955. Ensuite, il connaît une progression régulière, avec une forte préférence au cours des années 60 et 70.
Les parcelles de palmiers se développent de façon vraiment significative dans les années 60. Leur effectif demeure réduit, néanmoins nous observons une augmentation constante du pourcentage de parcelles créées en palmier.

L'examen des mises en exploitation des parcelles et du choix de la culture principale permet d'apporter quelques éléments sur les stratégies existant au niveau de l'option culturale, ainsi que des informations sur la démarche adoptée par les planteurs. Dans quelle mesure celle-ci est-elle liée à un contexte général ou à un niveau plus localisé tel que :

- Le déclassement des forêts,
- La qualité et l'évolution des terres mises en culture,
- L'action des sociétés d'Etat,
- Ou encore la logique des planteurs, hostiles à de nouvelles cultures et qui perpétuent une situation sans risque qui a "marché".

La plantation se construit par installations successives de parcelles et le processus de spécialisation s'opère suivant une évolution continue. Ce choix se détermine-t-il en fonction des parcelles déjà créées ? Existe-t-il une continuité ou une discontinuité dans les créations ? Le processus est-il le même suivant le type de spécialisation ?
Il n'est pas aisé de relier ces phénomènes, observés à l'échelle d'une plantation, à des mouvements plus généraux. D'une part, il existe des différences de réponse d'un planteur à un autre. D'autre part, les délais de réaction peuvent être très longs et pas toujours discernables. Néanmoins certains faits se détachent qui permettent d'illustrer la dynamique du système.

L'un des facteurs clef se trouve être la quantité de terres à la disposition des paysans. Les créations de nouvelles plantations dépendent, en partie, des déclassements de forêts, ainsi les pics des années 50-56-76 sont à lier aux déclassements successifs de la forêt de Memni.

Le choix du type de culture fait apparaître de grandes tendances. Même si ces mouvements ne peuvent être directement reliés aux fluctuations des cours du fait du rôle tampon de la Caisse de Stabilisation, il demeure que certaines répercussions sont perceptibles auprès du planteur. L'évolution de ce terroir se rapproche de celle du reste du pays. Le cacao privilégié dans un premier temps est ensuite concurrencé par le café, les palmeraies à huile émergeant au début des années 80. Le point significatif dans ces choix culturaux est l'existence d'une loi du "tout ou rien", les planteurs adoptent massivement un produit donné qui se substitue au précédent. Ces préférences peuvent se rattacher à l'intérêt monétaire du produit et à l'évolution des cours qui rendent possible le suivi des créations de parcelles, puis aux décisions gouvernementales après la création de la Caisse de Stabilisation.

La protection de la Caisse de Stabilisation, face à la détérioration du cours des matières premières, n'empêche pas le planteur de "coller" aux réalités du marché. Cette adaptation reste néanmoins limitée car la chute des cours des deux produits à partir de 1984 ne provoque qu'une réorientation minime vers d'autres cultures. Les plantations en palmier à huile demeurent modestes, suite aux fortes contraintes imposées par Palmindustrie, et toutes les autres cultures s'avèrent trop incertaines car elles ne sont pas régies par un organisme d'Etat. C'est pourquoi, le choix des cultures pérennes traditionnelles n'est, *a priori*, pas remis en cause depuis 1930. Cependant la tendance générale est à la baisse. Les nouvelles installations se font rares, résultat sans doute de la saturation foncière latente, de la chute des cours des produits concernés et de l'absence d'autres alternatives à ce jour.

Le choix d'une spécialisation poussée

L'histoire, du pays et de cette zone pionnière, a poussé les individus vers une spécialisation qui délaisse toute autre forme de production. Les cultures arbustives de la première génération de l'économie de plantation (cacao et café) composent la majorité de la surface cultivée des deux terroirs. Le palmier à huile représente ponctuellement les produits de la deuxième génération. Quant aux cultures vivrières, elles demeurent essentiellement destinées à l'autoconsommation et sont exploitées sur des surfaces réduites ou en association avec des cultures pérennes. Le choix et l'importance respective de ces cultures relèvent de stratégies d'exploitation du planteur.

Sur l'ensemble des deux localités, le cacao[22] apparaît comme la culture de référence, éventuellementconjuguée à une culture secondaire, le plus fréquemment le café. La part du palmier à huile dans l'exploitation villageoise demeure marginale. Le cacao occupe 65 % des sols cultivés et intéresse 97 % des planteurs[23]. Le reste des superficies se répartit entre les plants de caféiers : 16 % des superficies pour 49 % des planteurs, et les plants de palmiers à huile : 19 % des superficies pour 27 % des planteurs. Plus finement, la réalité de cette spécialisation peut être appréhendée par l'examen du pourcentage de chaque culture par rapport à la totalité de la surface cultivée.

Les trois-quarts des planteurs abritent plus de 50 % de cacao sur leur plantation (Cf. Tableau 1). Ce qui correspond presque à une monoculture puisque, pour plus de la moitié d'entre eux, 75 % des terres exploitées sont occupées par les cacaoyers, les cas extrêmes (100 %) correspondant à 39 % des exploitations.

49 % des planteurs exploitent des plants de caféiers. Cette pratique doit plutôt être considérée comme secondaire puisque

[22] Cette plante, par son entretien facile, a la préférence des planteurs de la zone.

[23] Les planteurs peuvent cultiver simultanément du cacao, du café et du palmier à huile, ce qui explique que le total dépasse 100 %.

seuls 9 % d'entre eux y consacrent plus de 50 % de leurs terres (Cf. Tableau 1).

TABLEAU 1 : Répartition des pourcentages occupés par le cacao-café et palmier

	Pourcentage cultivé en cacao					
	0	1-25	26-50	51-75	76-100	Total
Total	3	3	18	20	56	100
Planteurs de cacao		3	19	21	57	100
	Pourcentage cultivé en café					
	0	1-25	26-50	51-75	76-100	Total
Total	51	21	24	2	2	100
Planteurs de café		43	48	5	4	100
	Pourcentage cultivé en palmier à huile					
	0	1-25	26-50	51-75	76-100	Total
Total	72	9	13	3	3	100
Planteurs de palmier		34	44	10	12	100

SOURCE : Enquête planteur juin 1986

Les palmiers à huile sont présents sur 28 % des plantations, dans des proportions sensiblement identiques à celles du café (Cf. Tableau 1). Néanmoins, 6 % des planteurs cultivent uniquement du palmier (100 %), alors que cette proportion est de 2 % dans le cas du café.

Le fort degré de spécialisation (Cf. Fig. 02) dans la culture illustre la faible mixité pratiquée entre les produits.

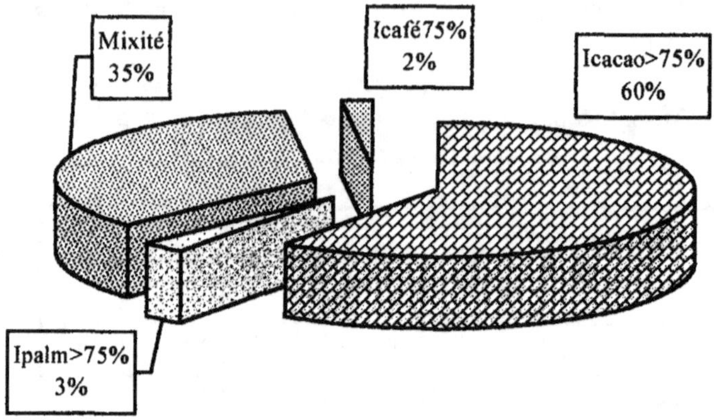

Figure 02 : Indice de spécialisation selon la culture

SOURCE : Enquête planteur juin 1986

Sur l'ensemble des unités, la proportion moyenne de surfaces plantées en cacao dans une plantation s'élève à 73 %, pour le café cette valeur est de 15 % et pour le palmier de 11 %. La norme est la plantation cacaoyère, mais il demeure que certains planteurs se consacrent en priorité aux cultures du café ou du palmier.

56 % des planteurs possèdent des plantations dans lesquelles le cacao occupe plus de 75 % des surfaces cultivées. Pour les 25 % restants, palmiers à huile et caféiers s'y excluent mutuellement puisqu'ils n'apparaissent en même temps que dans deux plantations.

Lorsque la proportion de surfaces cultivées en cacao est moindre, de 50 à 74 %, soit 53 planteurs, le même phénomène apparaît. Seuls 10 planteurs (19 %) conjuguent les trois cultures, 17 % pour le cacao et le palmier, les 34 % restants pour le café.

Quant aux indices de spécialisation très faibles, 1 à 49 % de cacao (57 planteurs), 19 exploitants ne possèdent que du café et 12 que du palmier. Si la culture du cacao peut être exclusive, celles concernant spécifiquement le café ou le palmier restent rares. Nous remarquons également l'extrême rareté de la cohabitation entre palmier et café. Cet état s'explique par les conseils prodigués par la SATMACI et la Palmindustrie, afin de limiter, voire interdire pour le deuxième organisme, ce type d'association, mais aussi par la relative jeunesse de la première culture.

Le Sud-Est du pays et plus particulièrement la zone étudiée subissent les mêmes avatars que d'autres régions :

- Pauvreté des sols, dégradation du couvert végétal, pression foncière exacerbée,
- Chute des cours des cultures de rente et concurrence internationale.

Néanmoins n'envisager l'analyse que sous cet angle donnerait une image partielle et très réductrice de l'économie de plantation dans ces deux villages. Les particularités humaines doivent être intégrées à l'étude pour apporter une dimension supplémentaire à cet environnement.

CHAPITRE 2 : PROBLEMATIQUE DE L'ETUDE

LIMITES DES ANALYSES ECONOMIQUES SUR LE SYSTEME DE PRODUCTION

Dans la suite des travaux portant sur l'économie de plantation villageoise, nous nous sommes intéressée au fonctionnement du système de production. Il nous a servi de base de travail pour cerner la dynamique économique des planteurs, dans la mesure où il met en liaison les facteurs naturels (terre), techniques (moyens techniques de production) et humains (main-d'œuvre).
Le système de production répond à diverses définitions qui varient selon les auteurs et les disciplines[24]. Aussi avons-nous opté pour celle qui limite l'analyse au système de production seul. «*Un système de production agricole est un mode de combinaison entre terre, forces et moyens de travail à des fins de production végétale et/ou animale, commun à un ensemble d'exploitations*» (C. Reboul, 1976). Son niveau d'observation global permet d'appréhender les évolutions de l'agriculture à travers le fonctionnement des exploitations et de leur dynamique culturale. De même, l'examen du mode d'exploitation met en relief divers éléments de la vie sociale des individus tels que l'organisation sociale du travail, la composition de l'unité domestique, l'émergence de nouveaux acteurs économiques... Enfin, cet analyseur représente le point où phénomènes techniques et économiques sont le plus aisément observables et le plus étroitement liés.

Pour évaluer la dynamique du système de production, nous nous sommes référée à des bilans économiques effectués dans la zone où dans des régions proches[25]. Ces études montraient déjà

---

[24] C. Faussey-Domalain, 1996
[25] C. Faussey-Domalain, 1996

les limites du développement agricole. En 1964, la SEDES diagnostiquait que l'essor agricole de la zone passait par une nouvelle organisation de la production. En 1979, A. Yapi souligne de nouveau ce point. Or, aucune "nouvelle organisation" dans le système de production ne semble se dessiner vingt ans plus tard.
Pourtant, de nombreuses recherches estiment que la mutation passera par une modification du système de production. «Les sociétés rurales africaines ne peuvent espérer sortir de leur crise actuelle sans une mutation qualitative de leur système de production» (J.M. Yung et J. Zalslawsky, 1992).

Les stratégies de gestion où d'accumulation foncière semblent être ignorées. Nombre de planteurs détiennent une réserve forestière qu'ils ne défrichent pas. De même, ceux qui possèdent des terres en jachère assistent à une dégradation progressive de leur sol due à une surexploitation. Ils ne peuvent plus envisager de l'utiliser pour des plantations de cultures pérennes.

L'utilisation des intrants où l'adoption de l'intensif/extensif correspond à une autre stratégie non appliquée dans la zone. Aucune intensification n'apparaît, tant dans la technique de production qui demeure traditionnelle, que dans l'utilisation de la main-d'œuvre. Cette dernière à base familiale reste faible pour une partie des exploitations, alors qu'un potentiel existe. Cette absence d'intensification n'est pas compensée par une évolution vers un système de production extensif. Les techniques utilisées demeurent vétustes malgré le soutien possible des organismes d'Etat.

La stratégie de choix des cultures où de spécialisation se trouve dépassée et difficilement modifiable par volonté humaine où par contrainte technique. Aucune diversification n'apparaît :

- Qu'elle soit dirigée vers d'autres cultures arbustives, toutes soumises aux aléas du marché international.

- Où, vers le secteur vivrier, qui représente pourtant un débouché non négligeable du fait de la proximité géographique d'Abidjan.
- Où, vers la commercialisation de la noix de cola, culture akyé traditionnelle, vers le marché africain.

Pourtant, d'autres régions proches diversifient leur production. Ainsi, à Djimini-Koffikro, à l'est du fleuve Comoë, la culture de l'ananas a remplacé les cultures pérennes (J. Ph. Colin, 1990). Cette substitution a été rendue possible grâce au développement des plantations industrielles d'ananas. Ces planteurs majoritairement allogènes, souvent non-propriétaires de leur terre, cherchent à s'assurer une rentabilité sur une courte période. Ils font preuve d'un dynamisme différent de celui des autochtones qui détiennent la terre et conçoivent le risque autrement.

De la capacité du chef d'exploitation à mobiliser la main-d'œuvre, soit dans le cadre de son unité domestique, soit par l'attirance qu'il peut exercer sur des allogènes, dépendra la réussite de sa plantation. L'embauche de manœuvres, pratique courante dans de nombreuses régions de la Côte-d'Ivoire, est quasiment absente de notre zone d'étude. Cette rareté s'explique par :

- La xénophobie des Akyés qui refusent depuis toujours d'accueillir des populations étrangères sur leurs terres. L'impossibilité d'acquérir un patrimoine foncier limitera la venue d'allogènes.
- La pression démographique qui s'exerce dans cet espace. La main-d'œuvre locale se trouve en rapport avec les besoins des superficies cultivées.

Ainsi, les populations rurales des villages de Memni et de Montézo sont soumises à des pressions économiques, sociologiques, démographiques et écologiques tant au niveau national que local. La résultante de ces contraintes engendre un blocage du système de production dans ses trois composantes majeures : terre, travail et moyens techniques de production. Le contexte social apportera des éléments de réponse à ce blocage.

UN CADRE THEORIQUE : L'ECONOMIE DES ORGANISATIONS

Les principaux facteurs explicatifs de l'aporie du système de production se situent dans les comportements économiques et sociaux des individus. Se restreindre à une étude du système de production pur, limiterait l'analyse aux aspects techniques. Or, la compréhension des stratégies développées par les planteurs implique de prendre en compte la dynamique sociale. Les décisions humaines sont au cœur du débat, notamment celles prises au sein de l'unité domestique, dont le planteur représente l'autorité.

Aussi, adopterons-nous l'économie des organisations comme analyseur. Ce concept est capable d'aborder la dynamique économique, sociale et culturelle de la société, tout en considérant les caractéristiques spécifiques aux unités domestiques et au lignage.

Le cadre d'analyse[26]

L'origine de la théorie des organisations apparaît vers 1920, avec les travaux de A. Marshall pour qui «*L'organisation est un principe qui*, par analogie avec la biologie, *assure l'unité des organisations économiques complexes*» (in. C. Ménard, 1993). A sa suite, le sociologue Max Weber s'intéressera à la notion d'organisation économique[27]. Les recherches d'économistes comme K. Arrow, en économie publique et J.G. March où H.A. Simon prolongent l'exploration de cette logique dès les années 50.

[26] Pour plus de précisions, cf. C. Faussey-Domalain,1996.

[27] Dans son ouvrage sur la " Théorie des organisations économiques et sociales ", 1921

Plus récemment O. Williamson, dans le cadre d'un courant néoclassique, développe la "nouvelle économie institutionnelle", dans un archétype walraso-parétien. «*La nouvelle micro-économie étudie le comportement d'individus rationnels dans un monde où l'information n'est pas parfaitement disponible et où les décisions individuelles ne sont pas coordonnées par un commissaire priseur.*» P. Cahuc, 1993.
Cette théorie sera reprise dans l'analyse des comportements économiques des pays développés. Elle ne s'étend au champ du développement qu'à la fin des années 80 avec les travaux américains de J. Stiglitz, H. Leibenstein, Nabli et Nugent... En France, C. Ménard et O. Favereau s'y intéresseront également dès cette époque.
En 1990, P. Robbins définira l'organisation comme «une unité économique de coordination ayant des frontières identifiables et fonctionnant de façon relativement continue, en vue d'atteindre un objectif ou un ensemble d'objectifs partagés(s) par les membres participants » Cette caractérisation autorise une projection théorique ductile et sera reprise par nombre d'auteurs. Elle précise que les choix opérés sont tributaires de ses caractéristiques organisationnelles et notamment de l'ensemble des règles et conventions qui les régissent.
«En d'autres termes une organisation se caractérise par :

- *Un ensemble de participants.*
- *Une entente, implicite ou explicite, sur certains objectifs, et des moyens pour exprimer son accord avec ces objectifs ou pour s'en dissocier (contrats, démission, grèves, etc.).*
- *Une coordination formelle, définissant une structure caractérisée par son degré de complexité (la hiérarchie), par des règles et procédures (la formalisation), et par son degré de centralisation (la décision)*» C. Ménard, 1993

Ces règles seront différentes selon les mondes concernés : monde domestique, marchand ou industriel. Ces diverses propositions correspondent aux "schémas de coordination

préétablis" spécifiés par O. Favereau, 1992. Le principe d'efficacité domine le "monde industriel", c'est à dire qu'il prend en compte l'efficacité et la fonction. Le monde du marché par le "principe d'équivalence", auquel cas la concurrence et le prix qui en découlent en indiquent la grandeur. Le monde domestique par le "principe de réputation", c'est à dire en fonction de la place de l'individu dans la société.
Comme les individus évoluent dans les trois mondes, ils procèdent à un équilibrage entre la règle domestique et les autres types de règles, d'où la notion "d'équilibrage des règles" entre les différents mondes présentés par O. Favereau et L. Thévenot en 1991.

Le modèle des Economies de la grandeur (L. Thévenot et L. Boltanski (1991)) découle de cette approche. Il essaye de formaliser les négociations entre les différents mondes par le biais de la notion de «compromis». L'interaction entre deux mondes peut se concrétiser par plusieurs formes de contrats, de type conciliation, susceptibles d'être remises en cause à tout moment.
Ces conventions (ou contrats) sont construites à partir de représentations collectives qui assurent leur "justifiabilité" et qui relèvent de "mondes" différents, (L. Boltanski et L. Thévenot, 1987). «*Le modèle lie ensemble les notions de justification, de coordination et d'objectivité, en mettant en évidence le système des contraintes qui pèsent sur l'action raisonnable dans un univers que nous dirons complexe, au sens où plusieurs formes de coordination y sont possibles, renvoyant à plusieurs formes d'objectivité.*» (L. Thévenot, 1989).
Elles peuvent répondre à plusieurs schémas, qui passent de l'accord entre deux individus jusqu'à l'entente dans une communauté. Les organisations deviennent des "structures de gouvernance", «*une proximité qui spécifie, un précédent qui perdure et une autorité qui couvre.*» (L. Thévenot et L. Boltanski, 1987). Elles fixent hiérarchiquement les modalités de

la renégociation des contrats en fonction de l'évolution de l'état du monde. Le système de règle ainsi défini va de l'individuel au collectif. Il comprend une règle de comportement individuel, des règles contractuelles fondamentales ou encore des règles de solidarité communautaires.

Toutes ces règles permettent de définir des "routines organisationnelles"[28] (P. Nelson et S. Winter, 1982, S. Winter, 1987) propres à la société et modulables selon l'équilibrage qui s'instaure. Les "routines organisationnelles" concernent autant les individus que les organisations. Elles s'identifient aux caractéristiques des dispositions personnelles des agents, en raison de leur complexité et de leur imbrication les unes par rapport aux autres. A partir d'un emboîtement "d'unités de conscience", caractérisées chacune par des règles, on peut établir une continuité depuis l'individu jusqu'aux entités les plus larges (lignage, ethnie, classe, nation etc.) en passant par les organisations (Foster, 1987).

Un apprentissage collectif est propre à chaque société (O. Favereau, 1989) où les individus apportent au ménage son apprentissage organisationnel par le biais d'un "dispositif cognitif collectif". Ce dernier repose sur la confiance qui règne entre les individus membres de l'organisation et sur un élément de réputation qui ressort du monde domestique (O. Favereau et L. Thévenot, 1991). Le caractère cognitif intervient comme mode de coordination au sein du groupe domestique et oriente les relations des membres avec l'extérieur (D. Requier-Desjardins, 1994).

H.A. Simon établit une hiérarchisation des objectifs avec une dimension cognitive. Tous les individus n'ont pas les mêmes objectifs pour leur avenir, ni un passé collectif identique. Ainsi,

---

[28] Routines organisationnelles : procédures de résolution des problèmes répétitifs, repérables au sein des organisations, ayant éventuellement acquis un certain caractère d'automaticité, et de non exprimabilité du calcul, pour augmenter leur efficacité. Elles fondent également le caractère rationnel des décisions, mais leur champ d'application reste limité à l'organisation. (D. Requier-Desjardins,1995)

une complexité des comportements transparaît-elle au sein de l'organisation, puisque les individus concernés n'opèrent pas les mêmes choix entre leur production et leur consommation ou entre l'offre et la demande.

L'unité domestique : une organisation particulière

Qu'est-ce qu'une organisation en Afrique sub-saharienne ?

Les travaux sur l'économie des organisations abordent peu l'analyse organisationnelle du comportement des ménages. Pourtant, «En Afrique sub-saharienne, les interrogations sur l'information dont les unités domestiques disposent pour former leurs décisions, sur la rationalité des individus au sein de ces unités, et sur les représentations des acteurs qui influent sur leurs capacités cognitives, font écho aux débats véhiculés sur l'économie des organisations.» (D. Requier-Desjardins, 1994). Dans ce contexte, l'entente est soumise à une structure hiérarchisée et subordonnée à des règles et à des pratiques liées au groupe, à l'ethnie, au lignage... Aussi, «le "ménage" peut être défini comme une organisation, c'est-à-dire un ensemble hiérarchisé d'individus coordonnés par des règles et partageant un ou des objectifs communs» D. Requier-Desjardins, 1994.

Dans cette optique, nous considérerons l'unité domestique comme une organisation restreinte qui répond à des critères particuliers. Elle est coordonnée par des règles (contrats) qui aident la société à se développer tant du point de vue économique que social. Ces règles, initiées par l'organisation, s'appliquent à des situations précises et sont susceptibles d'être modifiées par une négociation au sein du groupe concerné, afin de fixer les inadéquations du système. Les règles ainsi établies déterminent l'environnement social des individus et président à leurs décisions.

L'arbitrage entre les règles individuelles et domestiques s'effectue par référence à la tradition, qui détermine le contexte décisionnel de l'unité domestique. Elle peut se définir selon trois principes, dont la combinaison forme des réalités sociales différentes selon les unités.
Une autorité, issue d'un système de valeurs lié à la société, au groupe, au lignage... qui correspond à la transmission du pouvoir de décision d'un individu ou d'un groupe d'individus à d'autres individus. Ce détenteur du pouvoir de décision, donne son dynamisme à l'unité domestique. Subséquemment, la hiérarchie au sein de cette entité livre la relation d'autorité et la notion de rang et souvent détermine le dépositaire du contrôle de la production.
Les organisations évoluent dans trois mondes différents. Dans le contexte africain, le principe de réputation inhibe les autres principes et y déroger implique une mise en marge de la société. *«Les règles dominantes au sein des groupes domestiques ressortent du monde "domestique", le critère de justification étant celui de la "réputation»* (D. Requier-Desjardins, 1994). Des normes élémentaires de la société dépendront les options prises par les individus et l'évolution du système.
Ainsi, les règles de parenté, qui assignent à chaque individu sa place dans le groupe, sont incontournables. Le devoir des aînés envers les cadets est assujetti à nombre d'implications inhérentes au système. De même, les rapports hommes/femmes préétablis se réfèrent à l'histoire de la société. Chaque sexe possède son domaine d'intervention et le défend jalousement. Toute modification dans la place de chacun est compensée dans les faits par une contrepartie financière ou matérielle. Le fondement des règles se situe soit au niveau local, soit au niveau du groupe domestique et de l'ethnie.

Les unités domestiques sont porteuses d'une dynamique productive qui influe sur leur niveau de vie et sur la performance globale de l'économie. L'unité domestique (ménage) est le lieu d'articulation du plus grand nombre de contrats. En tant qu'organisation, elle devient un "nœud de contrats" (J. Stiglitz, 1987) portant sur des transactions liées, et de ce fait le ménage est une "structure de gouvernance des contrats" (R. Pollak, 1985) car il négocie les contrats selon la conjoncture. Les contrats peuvent être de natures différentes.

Les unités domestiques les plus représentatives de l'économie de plantation villageoise sont les unités agricoles. Les chefs de ménage, à la fois chefs d'exploitation, planteurs, et indépendants[29] sont détenteurs du pouvoir de décision et arbitres au sein de l'unité domestique. Par exemple, le choix du secteur d'activité des membres de l'unité, femmes et enfants, incombe au chef de famille. Ce dernier décide si les femmes doivent se consacrer uniquement aux cultures vivrières ou intervenir également sur les cultures pérennes. D'autre part, celui-ci peut décider de maintenir ses enfants sur l'exploitation ou de les envoyer travailler à l'extérieur. Le même type de décision prévaut pour la scolarisation.

Chaque membre de l'unité domestique détient un poste budgétaire propre, alloué à des dépenses précises. Aucune modification dans les attributions de ces rétributions ne s'effectue sans contrepartie pour le donneur. Les épouses, qui participent de plus en plus à la scolarisation, obtiennent des compensations matérielles en retour.

Les contrats externes s'appliquent principalement sur les rapports ville/village. Le groupe domestique s'élargit géographiquement, par le système de droit et obligation mais les contrats demeurent ; ils seront considérés comme internes au lignage. Le soutien se manifeste dans l'aide de la famille migrante aux ruraux (accueil des migrants, pour des courts ou longs séjours, par une aide matérielle ou monétaire au village...).

---

[29] Cf. annexe2.

Les organisations domestiques agissent sur le développement global du marché, les organisations de plus grande ampleur que sont les institutions guident les actes des agents sur le même marché.
La Caisse de Stabilisation joue ce rôle auprès des planteurs. Elle répond à des normes définies par l'Etat afin de gérer au mieux les rentrées d'argent en provenance des cultures pérennes. Cette institution, comme d'autres du même type, réagit à des contraintes structurelles en produisant de nouvelles contraintes. Elle sert d'intermédiaire entre les importateurs et les planteurs. Ces derniers sont tributaires de ces décisions, et opèrent leur choix sous la contrainte de nouvelles règles (ex. : baisse du prix garanti).
Il existe «*un véritable "contrat implicite" entre l'état et les planteurs, représentatif du mode de régulation de l'économie ivoirienne.*» (D. Requier-Desjardins, 1994). L'intervention peut se faire par les procédures de coordination et par la détention d'un contrôle sur un ensemble d'organisations économiques. En Côte-d'Ivoire, en intervenant massivement dans le mode de distribution des cultures pérennes et dans l'allocation des ressources provenant de ces cultures, il a modifié les règles institutionnelles dans lesquelles opèrent les unités de production.

Les unités domestiques sont soumises à un double marché, domestique et marchand. Leur grande flexibilité leur permet de modifier les règles du jeu interne.

Les premiers travaux se rapportant aux unités domestiques, les appréhendent comme des ménages et sont issus de considérations statistiques pour les besoins des enquêtes. Cette notion de ménage reste une notion occidentale qui ne peut s'appliquer au champ de l'Afrique Subsaharienne. Elle ne peut prétendre à décrire la famille élargie qui englobe des unités familiales et budgétaires différentes dans la même unité de résidence, ceci notamment du fait du régime matrimonial. Elle implique notamment de la considérer comme un centre de décision économique unique. Pourtant, sous un même toit peuvent cohabiter diverses unités de décisions relatives à des événements différents. *«Il y a non-concordance entre unité de résidence, unité budgétaire et unité de consommation, chacune de ces unités constituant une forme de coordination pour une classe de décision.»* (D. Requier-Desjardins, 1994).

Le terme de "groupe domestique" paraît plus proche de la réalité africaine. Il constitue le support de l'unité domestique, avec une base minimale de deux individus, mais ne s'organise pas obligatoirement autour des membres de la "famille", dans la mesure où des manœuvres peuvent l'incorporer. Dans son sein, les relations sont régies selon l'âge, le sexe, le système de "droits et obligations" ou la parenté. Des éléments extérieurs peuvent moduler la taille et la structure de ce groupe (âge du chef de ménage, taille de la plantation, nombre d'enfants "urbanisés"...).

Les unités domestiques, en tant qu'organisations, sont d'abord des ensembles d'individus, coordonnés hiérarchiquement par des règles. Celles-ci définissent les rapports entre personnes au sein de la parenté et du lignage. Elles s'étendent également au tissu social par le système des "droits et obligations" (F.R. Mahieu, 1989) et concernent les individus du même village dans le cadre des rapports ville-campagne.

Les individus au sein du ménage poursuivent des objectifs individuels, mais qui se combinent avec des objectifs collectifs du groupe ou du lignage. Ainsi, la subsistance apparaît comme un objectif prioritaire pour ces unités domestiques à laquelle s'ajoute la socialisation des enfants. (J. Stiglitz, 1987). Le groupe adoptera une dynamique selon des valeurs qui sont propres à la société. Toute transformation se fera en fonction de ces valeurs, et il convient de mieux les comprendre pour expliquer les blocages. Dans le cas qui nous concerne, celui du système de production et des unités de production (domestiques) agricoles, cette approche peut se faire à partir "d'une conception contractuelle ou cognitive de l'organisation".

Face à l'incertitude radicale à laquelle ils sont confrontés, les agents se caractérisent par une rationalité procédurale, c'est-à-dire qu'ils vont simplement mettre en œuvre des stratégies pour parvenir à des situations paraissant préférables (et non optimales). «*Ils n'ont pas la possibilité d'affecter une distribution de probabilité subjective à l'ensemble des possibles. Ils préfèrent une situation satisfaisante à une situation optimale. L'homme réalise son accomplissement personnel et il réalise un pilotage approximatif en situation d'information imparfaite. Les moyens et les fins sont interdépendants*» (Ph. Hugon, 1995). Les routines correspondent à une intériorisation d'un processus de décisions qui correspond à des normes, des traditions et des coutumes.

L'unité domestique de l'étude[30]

Notre travail s'inscrivant dans un programme de recherche démo-économique, nous avons privilégié l'utilisation d'un descriptif spécifiquement démographique pour décrire l'unité domestique. Elle se scinde en deux : la composante centrale et la composante périphérique.

La composante centrale correspond à la famille directe et se structure essentiellement en composante centrale nucléaire (49 %) ou nucléaire élargie (40 %). La composante nucléaire décroît à partir de la classe d'âge 40-49 ans au profit du composant nucléaire élargi, cette modification devient significative pour les individus à partir de 60 ans avec le poids des petits-enfants.

L'enfant constitue l'élément central de la famille. Pour une composante centrale de 6,5 individus en moyenne par ménage, les enfants sont un apport de 3,1 personnes. Cette présence dans le ménage fluctue selon l'âge scolaire de ces derniers et l'âge du chef de famille. Elle dépend également de l'état matrimonial du

[30] Pour plus de précisions voir l'annexe 1.

chef de ménage, les mariés monogames ayant en moyenne 3,1 enfants, les polygames 4,6, les veufs 2,4 contre 0,6 pour les divorcés.
La composante nucléaire élargie apparaît chez les chefs de ménage plus âgés qui hébergent leurs petits-enfants dans la structure. Elle s'inscrit dans le cadre d'un phénomène de retour des enfants de migrants, pour une scolarisation des jeunes à moindre coût.

La composante périphérique se rapporte à la main-d'œuvre directe ou indirecte. Elle intègre les personnes de la famille indirecte, les ascendants et/ou les collatéraux ; et/ou celles qui n'en font pas partie (notamment les manœuvres) qui vivent sous le toit et sous la dépendance du chef de ménage. La présence d'un composant périphérique concerne seulement 41 % des ménages. Il se limite à 1,0 personne, qui s'ajoute au composant central et désigne la famille élargie.
Cette notion de composant périphérique illustre la liaison entre dynamique culturale et familiale et permet d'appréhender les stratégies de captation de la main-d'œuvre sur la plantation.

L'apparition des enfants puis des petits-enfants oriente la famille vers une composante centrale simple au détriment du composant périphérique.

Dirigé par des planteurs-chefs de ménages, le groupe domestique ne correspond pas à l'unité de production et certains de ses membres peuvent exercer une activité extérieure, opérant ainsi une distinction avec le modèle occidental. Seuls 47 % de la population productive, qui relève de l'autorité du chef de ménage, vit à demeure sur la plantation et participe au procès de production. Les autres membres de l'unité familiale sont scolarisés ou exercent leurs activités dans d'autres secteurs de l'économie.
Nous remarquons donc une relative "nucléarisation" des ménages qui correspond au désengagement de la plantation,

avec le départ des plus jeunes en ville. Cette nucléarisation est d'ordre géographique et non issue d'une transformation de la fécondité.

Les routines organisationnelles des planteurs

Les agents économiques, tout à la fois auteurs et acteurs, sont régis par des règles individuelles et collectives, rigoureusement codifiées par l'environnement et/ou le contrôle social. Ces dernières, combinées aux contraintes contextuelles, vont déterminer les routines organisationnelles. La pluralité des contraintes qui les gouvernent, créent la multiplicité, la complexité et la hiérarchisation des décisions.

Chaque membre de l'unité domestique montre une routine propre, qui varie selon son stade du cycle de vie. Cependant, le champ d'action de la stratégie est mal défini par l'acteur lui-même et la reconstruction de cette dernière est souvent empirique.

J.M. Yung et J. Zalslawsky (1992) montrent que l'histoire et la culture, issues du cognitif, influencent les stratégies. Les acteurs sociaux, selon leur place dans la société, leurs objectifs et leurs propres cognitifs, vont corriger les règles de coordination qui régissent ces stratégies. Ces règles font appel :

- A une notion "historique" qui s'applique aux coutumes et qui fait référence au dispositif cognitif collectif. La suprématie ethnique des akyés guide les choix des individus. Cette ethnie, très conservatrice, préserve farouchement son autonomie et ses traditions, tout en étant imprégnée par la religion catholique du fait d'une évangélisation précoce. Les particularités de l'ethnie posent le problème de la structure de l'organisation, du fait de la forte autorité des chefs de clans dans les prises de décisions. D'autre part, la xénophobie de cette société et l'âge élevé des planteurs induisent les stratégies et leurs évolutions.

- A une notion géographique, car l'environnement est central pour la compréhension et l'adaptabilité des dynamiques. La localisation de Memni et Montézo à *l'intersection* des espaces ruraux et urbains modifie profondément l'espace rural vieillissant que nous étudions. Par ailleurs, la proximité d'Abidjan rend les planteurs et leurs enfants sensibles aux modèles économiques et sociaux véhiculés par les résidents de cette agglomération. Le tissu relationnel qui s'est établi au fil des ans entre mondes rural et urbain n'a pu qu'accentuer l'influence de la capitale.

Les choix interviennent en fonction des caractéristiques propres à chaque organisation et individu. Un planteur âgé n'agit pas comme son homologue jeune tant sur son exploitation que sur son unité domestique. De même, un planteur autochtone montre une dynamique culturale qui diffère de celle de l'allogène. Le vécu familial influe sur la stratégie de la famille. Par exemple, la place des ressortissants urbains dans la société oriente les dynamiques culturales et familiales.
Les objectifs sont individuels et collectifs[31]. Toute décision individuelle est issue d'un long processus généré en partie par l'image que le groupe a de lui-même. Le changement stratégique quant à la place de l'exploitation et de l'enfant, en est un exemple.

L'absence de stratégies orientées vers des solutions techniques et/ou vers une mise en œuvre de nouvelles opportunités culturales s'explique par la politique dominante que nous nommerons "scolarisation-urbanisation". Cette nouvelle dynamique économique et familiale se base sur la priorité accordée à la scolarisation et à la migration, avec un rapprochement de la sphère abidjanaise. Le désengagement des enfants de l'espace rural s'effectue dans l'optique de leur donner un métier plus rémunérateur dans la cité, qu'est Abidjan. Cette

[31] J. Stiglitz (1988).

tactique développe le modèle de croissance de Rawls où une certaine dose d'inégalité est... efficace. Par exemple, un individu est prêt à accepter un *«salaire inférieur contre anticipation d'un salaire croissant. »* Dans le cas de l'étude, le planteur est prêt à accepter des sacrifices financiers pour instruire ses enfants, dans le but d'obtenir une "retraite" postérieure.
La main-d'œuvre familiale potentielle (les enfants) subit une scolarisation accrue et une migration quasi obligatoire vers la métropole, "paradis économique et social". Cette scolarisation précoce remonte à la fin du XIXème siècle. Elle a fortement contribué à tisser un lien relationnel étroit avec le monde urbain et mis en place des conditions favorables à l'épanouissement de l'exode rural. La proximité d'Abidjan et les interactions qu'elle implique, apparaît comme un catalyseur de ces orientations.
Dans d'autres régions c'est le contexte agro-industriel ou la présence d'usines de transformation qui influencent le système de production de la zone[32]. A proximité de Memni et de Montézo, aucune industrie ne joue ce rôle "moteur". Quelques cultures industrielles se trouvent dans le village de la Mè et concernent l'hévéa et le palmier à huile mais elles n'ont induit aucune modification notable dans le développement agricole.
Les structures familiales et leur niveau d'intégration affectent ces options. La socialisation ainsi envisagée vise à réduire l'éventail de la détermination des rôles économiques et montre une mobilité sociale transversale. Les enfants de planteurs deviennent des urbains qui ne peuvent pas ou ne veulent plus réintégrer un monde rural qui ne correspond plus à leurs valeurs, pas plus qu'à celles de leurs aînés.

[32] Par exemple à Djimini-Kofikro, J.Ph Colin, 1990a.

HYPOTHESES ET PERSPECTIVES : QUELLE EVOLUTION POUR CETTE SOCIETE PAYSANNE ?

Tous ces éléments nous amènent à analyser la zone dans l'optique de l'économie des organisations.
L'observation des nouvelles stratégies atteste que l'on assiste à une accélération de la régression du système de production qui ne peut plus être alimenté dans l'une de ses composantes vitales : la main-d'œuvre. D'ordre familial, elle se retrouve désormais en quête d'emploi dans les villes. Une autre conséquence sur cette économie de plantation villageoise sera de maintenir le pouvoir sur la plantation aux mains de parents âgés, en fin de leur cycle de vie et peu enclins à pratiquer une politique agricole dynamique.
Ces politiques vont rejaillir sur la structure de la famille et sur son organisation. La famille directe sur la plantation se restreint au chef de ménage, à son épouse et à ses enfants. La scolarisation de l'enfant, premier objet d'investissement du chef de ménage, s'opère au détriment de la plantation et accroît le travail de la femme sur les cultures pérennes, afin de compenser la déficience des enfants. Les règles de pouvoir se modifient au cœur du système.

La migration génère un système d'entraide entre le milieu urbain et le milieu rural et provoque un déplacement du pôle de décision. Il s'effectue des notables ruraux vers les notables urbains par le biais des ressortissants. Le centre de décision villageois se déplace dans les sphères administratives du milieu citadin. Face à cette redistribution des rôles sociaux, le lignage peut-il conserver sa place ou se fera-t-il dépasser par le groupe domestique ?
A la date de l'enquête, une alliance consensuelle apparaît, les urbains entretiennent les ruraux migrants, ils leur procurent des activités artisanales ou informelles ou les hébergent le temps que ces derniers trouvent un emploi. Le milieu urbain prend le pas sur le monde rural mais sans qu'il se produise de rupture entre

les deux. Cette absence de rupture, favorisée par la proximité de la capitale économique, s'alimente par des échanges entre les deux pôles : main-d'œuvre destinée au milieu urbain, confiage des petits-enfants aux villageois.
Le développement du milieu rural repose sur les acquis du milieu urbain et modifie l'organisation au sein de la société rurale. Cette dernière reste pourtant toujours centrée sur elle-même et conserve un fort pouvoir décisionnel. La redistribution entre les deux mondes fonctionne, mais pendant combien de temps cette règle de redistribution restera-t-elle inchangée ?

Dans un contexte de crise, notamment celui de l'emploi urbain, quel peut-être le devenir de cette société paysanne ? Peut-elle conserver son identité en évoluant vers une intégration à la société citadine. Car, *«le déclin d'une organisation économique est rarement inéluctable et intégral. La dissolution d'une organisation se traduit plutôt par la reprise de certains de ses éléments par d'autres organisations donc par son remembrement.»* (C. Ménard, 1993).

CHAPITRE 3 : CRISE ET STRATEGIE DES ACTEURS

L'économie de plantation va altérer en moins d'un siècle les pratiques culturales de la Côte-d'Ivoire et provoquer de multiples perturbations, qu'elles soient culturelles, économiques ou sociales. Ce phénomène national va concerner l'ensemble du pays suivant le même schéma : intégration au contexte international, mono ou bi-culture, dégradation des termes de l'échange... L'espace étudié, situé à la périphérie du milieu urbain, se caractérise par une économie de plantation en déclin et par une importante croissance naturelle de la population. Ces deux aspects conduisent à une modification de l'environnement économique et social de cette société déjà confrontée à deux crises :

1) une crise endogène et spécifique de l'agriculture marquée par :

- Une saturation foncière latente. Le déclassement total des forêts limite toutes les possibilités d'extension des cultures.
- Une baisse de la productivité du travail et du rendement par hectare, due à l'absence d'intégration aux programmes de développement et au manque de "dynamisme" des planteurs. Ces derniers optent pour l'extension "partielle" des plantations plutôt que pour l'intensification de la production dans une zone où forêts primaires et secondaires s'étendent sur de faibles superficies. Les terres s'appauvrissent, les rendements à l'hectare baissent par manque d'entretien et du fait du vieillissement des vergers, ceci sans changement dans les moyens techniques de production.
- Une stagnation des quantités produites par le secteur vivrier, destinées avant tout à l'autoconsommation villageoise.

2) une crise exogène qui reflète les difficultés économiques du pays et se caractérise par :

- Des contraintes sur le marché global de l'emploi. Un goulot d'étranglement apparaît notamment pour les jeunes déscolarisés en nombre croissant. Cette situation contraindra-t-elle les moins favorisés à effectuer un retour à la terre ?
- Une action de l'Etat qui veut limiter le développement des cultures industrielles et impose des contraintes par l'intermédiaire des organismes d'Etat ou en intervenant par le biais du crédit qu'il restreint.
- Des prix au producteur garantis par l'Etat, remis en cause du fait d'une conjoncture internationale défavorable. Ceci induit également le développement d'une agriculture protégée, soutenue par l'Etat mais peu adaptée aux réalités d'un marché régi par une concurrence âpre.
- Une concurrence internationale très vive, notamment de l'Asie.

A une échelle plus réduite et dans un espace plus limité, notre zone d'étude se trouve confrontée à une situation analogue au reste du pays, avec cependant ses caractéristiques propres. En 1975, cette sous-préfecture abrite une population active à majorité agricole[33]. Reflet de cette situation, les deux villages d'étude sont le lieu d'une très forte spécialisation agricole. Les exploitations sont peu étendues et occupées en majorité par des autochtones.

Les routines organisationnelles montrent que les schémas d'adaptation des populations à une situation donnée résultent, dans la plupart des cas, d'un processus qui leur appartient en propre. Ainsi, que ce soit l'Etat colonial ou l'Etat indépendant, toutes les actions menées par ces gouvernements respectifs sont affectées par les spécificités des exploitants concernés.

---

[33] 33,8 % de la population de la sous-préfecture d'Alépé exerce une activité professionnelle (recensement de 1975). Selon la même source les agriculteurs, éleveurs, forestiers, pêcheurs, chasseurs prédominent très largement, constituant 81,1 % de cette fraction.

Outre le contexte social, le capital foncier et technique pèsent également sur le développement. Ainsi, on peut noter l'émergence d'une crise structurelle. De nombreuses plantations ont atteint leur limite d'âge ; non entretenues, elles procurent de mauvais rendements et positionnent la Côte-d'Ivoire derrière ses concurrents asiatiques ou latino-américains. Par ailleurs, le capital foncier est fortement entamé aussi bien dans le Sud-Est que le Sud-Ouest du pays.
Une intensification ou une reconversion de la production s'impose mais chaque zone réagit selon ses propres spécificités géographiques, sociales, "l'élément humain" en constituant l'un des éléments dynamiques. Le terme "d'élément humain" concerne les personnes qui agissent au sein du système de production (main d'œuvre) mais aussi à sa périphérie (notamment les enfants).

Des processus indissociables s'entrecroisent. La scolarisation prive la plantation de sa main-d'œuvre familiale et conduit à des restructurations qui vont bousculer les valeurs sociales, notamment au niveau des pouvoirs de décision. La dévalorisation du milieu rural et le rejet du métier de planteur par les jeunes en seront des résultantes importantes.

Nous allons nous attacher à analyser l'évolution de l'économie de plantation villageoise de la zone avec une optique économie des organisations. Pour ce faire, dans une première partie, nous ferons une "mise à plat" du système de production. Nous montrerons que de nombreux aspects découlent directement des stratégies des exploitants et ne sont pas uniquement liées au contexte conjoncturel.

Dans la seconde partie, nous aborderons les routines organisationnelles des planteurs et montrerons que les options prises ont pour base les caractéristiques environnementales de la zone mais qu'elles s'expliquent également par les spécificités des unités familiales. Nous expliquerons que ces démarches s'accompagnent de changements profonds dans les règles et les contrats de la société concernée tant villageoise que migrante et qu'elles remettent en cause les assises de cette société paysanne.

DEUXIEME PARTIE

L'APORIE DU SYSTEME DE PRODUCTION : CHOIX OU CONTRAINTES ?

CHAPITRE 1 : UNE STRATEGIE DE REPLI

Les difficultés que rencontrent les exploitations agricoles traduisent l'inadaptation du système de production et les difficultés de son évolution. Dans cette partie, nous allons tenter d'expliquer les blocages techniques des facteurs de production (terre, moyens techniques de production et travail). Les agriculteurs sont des entrepreneurs sur leurs exploitations. De ce fait, ils gèrent et opèrent des choix quant aux facteurs et techniques de production.

DES PETITES EXPLOITATIONS PEU RENTABLES

Les deux villages abritent des exploitations qui se dissocient en deux composantes :
La première fraction, constituée de terres non exploitées (forêt primaire ou secondaire), représente une importante partie de la superficie totale ou, à l'inverse, se trouve réduite à sa plus simple expression ;
La seconde partie se compose des terres cultivées, divisées en parcelles[34], mises en valeur au fil du temps.

La taille moyenne d'une plantation est de 11,65 hectares. Cette valeur recouvre une grande dispersion puisque 65 % d'entre elles ont moins de 7 hectares et que seule une minorité connaît une extension notable, trois planteurs dépassent les 40 hectares.
La physionomie des plantations diffère en fonction de la culture dominante. Bien que souvent cultivées parallèlement, les trois cultures sont très dissemblables, elles constituent une juxtaposition de trois entités, qui entre autres caractéristiques, se distinguent par la taille. Les parcelles les moins nombreuses et les plus petites sont les caféières (2,4 hectares en moyenne), viennent ensuite les

---

[34]La parcelle représente "une portion d'un seul tenant, défrichée la même année, portant une seule et même culture (d'âge homogène pour les cultures pérennes) ou une seule et même association de culture gérée par un seul individu ou un groupe déterminé d'individus" (SEDES, TOME 3, 1967).

cacaoyères qui occupent une surface moyenne de 5 hectares, puis les palmeraies (8,4 hectares en moyenne).

Les cacaoyères

Les cacaoyères sont de très petite taille :

- 43 % des planteurs ont de 1 à 3 hectares,
- 40 % de 4 à 7 hectares,
- 10 % de 8 à 10 hectares,
- Seules 7 % des plantations dépassent les 11 hectares et un individu possède 30 hectares.

L'extension de la cacaoyère va de pair avec un phénomène de spécialisation. Ce qui signifie que le développement n'a pas lieu parallèlement pour les trois cultures, mais que l'accroissement de l'une s'effectue au détriment des deux autres et correspond à une orientation des grands planteurs vers une monoculture. Les cacaoyères se concentrent au maximum sur trois parcelles pour 90 % des planteurs, pour les 10 % restant ce chiffre peut atteindre 5. Le nombre de parcelles évolue en fonction de la surface exploitée. Généralement, l'augmentation de cette surface se concrétise par un accroissement du nombre de parcelles et par une augmentation de la taille moyenne de celles-ci (Cf. Tableau 02).

TABLEAU 2 : Taille des parcelles de cacao suivant le nombre d'hectares

Hectares de cacao	1-3	4-7	8-10	11-15	16-71
Nombre moyen de parcelles	1.6	2.2	2.5	2.6	2.6
Taille moyenne des parcelles	1.5	2.4	3.5	4.6	6.6

SOURCE : Enquête planteur juin 1986.

Les valeurs des rendements à l'hectare fluctuent dans une fourchette de 1 à 6. Cette dispersion des valeurs relève de l'hétérogénéité des qualités du sol et surtout des dynamiques

culturales. L'âge du verger, l'utilisation d'engrais, l'entretien des plants... sont autant d'éléments entrant dans le calcul de cette rentabilité. 83 % des cacaoyères n'atteignent pas les 200 kg/ha dont 50 % connaissent des rendements inférieurs à 100 kg/ha.
La comparaison de ces chiffres avec ceux provenant d'autres terroirs n'est pas aisée dans la mesure où les intervenants sont très nombreux (fertilité du sol, utilisation d'engrais, qualité du produit...). Dans l'ensemble, la productivité des cacaoyères de la zone se démarque par sa faiblesse. A titre de comparaison les meilleures productivités, dans d'autres pays, avoisinent les trois tonnes à l'hectare et de bonnes valeurs moyennes sont proches de 500 kg/ha.

Les caféières

La taille moyenne des caféières est de 2,43 hectares. La valeur maximum atteint 15 hectares et 84 % des planteurs possèdent une superficie inférieure à 4 hectares. Dans l'ensemble la spécialisation s'accroît peu avec l'augmentation de la surface cultivée. Ainsi, 5 % des planteurs qui possèdent du café se spécialisent à plus de 75 % dans cette culture mais sur des exploitations de taille réduite. Avec une valeur maximale de trois parcelles, l'évolution de la caféière, identique à celle de la cacaoyère, se fait en même temps par une multiplication du nombre de parcelles et par un accroissement de la taille de celles-ci (Cf. Tableau 03).

TABLEAU 3 : Taille moyenne des parcelles de café selon le nombre d'hectares.

Hectares de café	1-3	4-7	8-10	11-15
Nombre moyen de parcelles	1.1	1.4	3	3
Taille moyenne des parcelles	1.7	3.7	3.0	5.0

SOURCE : Enquête planteur juin 1986

Les rendements à l'hectare des plantations de café se rapprochent de ceux des cacaoyères. 50 % des planteurs récoltent moins de 100 kg à l'hectare, avec une forte dispersion suivant le village et l'exploitation.

Les palmeraies à huile

L'implantation du palmier à huile dans l'économie villageoise débute en 1962, sous l'égide de la Société pour le Développement du Palmier à Huile (SODEPALM). Depuis, les contraintes posées par cette société[35] lors de l'implantation de la culture modèrent le processus de développement. Les palmeraies à huile se dissocient en palmeraies dites "traditionnelles", cultivées par des planteurs indépendants et en plantations de type industriel, encadrées et régies par la Palmindustrie. Les 82 % de planteurs de palmiers à huile, qui relèvent du second cas, exploitent 89 % des surfaces cultivées en palmier et sont soumis à l'obligation, théorique, de la livraison de la totalité de leur production à la Palmindustrie. L'emploi du terme théorique fait référence à une partie de la récolte détournée sur les marchés parallèles.
La culture du palmier "traditionnel" s'applique à des planteurs qui écoulent leur production sur le marché local ou abidjanais sans intervention d'un organisme d'Etat.
Les palmeraies occupent des surfaces de dimensions supérieures aux cultures précédentes[36], certaines peuvent être extrêmement étendues puisque 2 d'entre elles dépassent les 60 hectares. En règle générale, les parcelles sont uniques et répondent au mode d'exploitation prôné par Palmindustrie. Les rendements dans la zone avoisinent les 5 tonnes/ha même si certains planteurs atteignent sept tonnes. Ces mauvais résultats tiennent au manque

[35] Devenue Palmindustrie en 1969.

[36] La superficie minimale plantée par un nouveau planteur doit atteindre un hectare. En janvier 1987, cette limite est portée à 5 hectares, même si cela s'opère en plusieurs étapes. Pour Palmindustrie cette mesure permet de rentabiliser l'exploitation et de diminuer les frais pour le ramassage et le transport des régimes à l'usine. Cette disposition exclut nombre de petits planteurs.

d'entretien des plantations et à leur situation topographique ; beaucoup de plantations s'étendent sur des terrains difficiles à rentabiliser.

Des revenus faibles et inégaux

Ces exploitations de petites superficies génèrent des productions faibles et en dessous du seuil de rentabilité, quelle que soit la culture concernée. Aussi, les revenus qui en sont dégagés demeurent très modestes. Existe-t-il d'autres ressources dans les unités domestiques et quels sont leurs rapports ?

Les revenus agricoles

Les revenus agricoles parviennent aux planteurs à l'issue des traites pour le cacao et le café, par des versements ponctuels. Les périodes de traite sont les suivantes :

- Cacao, café : petite traite = août à octobre,
- Cacao : grande traite = octobre à décembre,
- Café : grande traite = novembre à janvier.

La rétribution de la production du palmier à huile est mensuelle[37]. Seuls 12 planteurs ne possèdent que du palmier naturel et de ce fait ne sont pas régis par Palmindustrie. Leurs plantations procurent un revenu par le biais de la vente de l'huile de palme ou du bangui[38] sur un marché parallèle.

Les revenus se définissent d'une manière générale par leur modicité. L'activité est peu rémunératrice puisque dans 60 % des cas, le revenu global n'excède pas 240 000 FCFA, ce qui équivaut à moins de 20 000 FCFA par mois (Cf. Tableau 04).

[37] Les revenus des plantations de palmier à huile ont été obtenus grâce à la collaboration avec Palmindustrie.

[38] Vin de palme.

TABLEAU 4 : Répartition des revenus par culture en FCFA

Revenu annuel	Total %	Cacao %	Café %	Palmier %
0	5	5	3	16
1 - 80 000	17	23	70	3
80 - 160 000	23	25	15	30
160 - 240 000	13	16	4	8
240 - 320 000	8	9	4	12
320 - 400 000	7	7	2	7
400 - 1 000 000	22	13	2	26
> 1 000 000	5	2		
Effectif non concerné		(7)	(135)	(192)
Total	100	100	100	100

(*) Revenu total = revenu du cacao + café + palmier à huile
SOURCE : Enquête récolte janvier 1987 - Palmindustrie

Cependant, si 5 % des chefs d'exploitation ne perçoivent aucune rentrée d'argent, 5 % (14 personnes) d'entre eux atteignent pratiquement le 1 million de FCFA et pour 1 % (2 individus) ce montant dépasse les 5 millions de FCFA. Les disparités constatées sur les exploitations dans la répartition des ressources sont pour une grande part, en sus de la superficie et des rendements, liées au type de culture pratiquée.

Ainsi, si le palmier ne représente que 20 % de la surface cultivée, son apport monétaire participe à 31 % du total. Dans le cas du café, le phénomène s'inverse puisqu'il ne fournit que 10 % des revenus totaux de la zone pour 16 % des surfaces plantées. Le cacao assure 59 % du total pour 64 % des surfaces cultivées.

La comparaison inter plante apporte peu d'éléments sur l'analyse de la composition des revenus, dans la mesure où elle n'est qu'une résultante, en termes monétaires, des mauvais rendements. Cependant, les revenus des plantations de café apparaissent plus faibles et moins dispersés que ceux des deux autres types de plantes. En dehors de toutes autres considérations, dans une zone où l'espace limité demande à être valorisé, l'exploitation du palmier à huile semble plus rémunératrice.

L'apport des cultures vivrières ou associées (noix de cola) n'intervient, communément, que pour l'autoconsommation. La vente de ces produits, si elle se réalise, n'est que ponctuelle et de ce fait ne constitue pas un revenu d'appoint important.

Pour subvenir à leurs besoins, les planteurs pratiquent couramment le recours à l'emprunt en hypothéquant la future récolte (44 %). Ils s'endettent auprès des "Dioulas", du G.V.C. (Groupement à Vocation Coopérative) ou encore de la famille, et dépensent fréquemment les sommes perçues avant la traite. Toutefois le prêt s'applique préférentiellement aux classes de revenus les plus élevées (Cf. Fig. 03), qui procurent une meilleure garantie de solvabilité pour les créanciers.

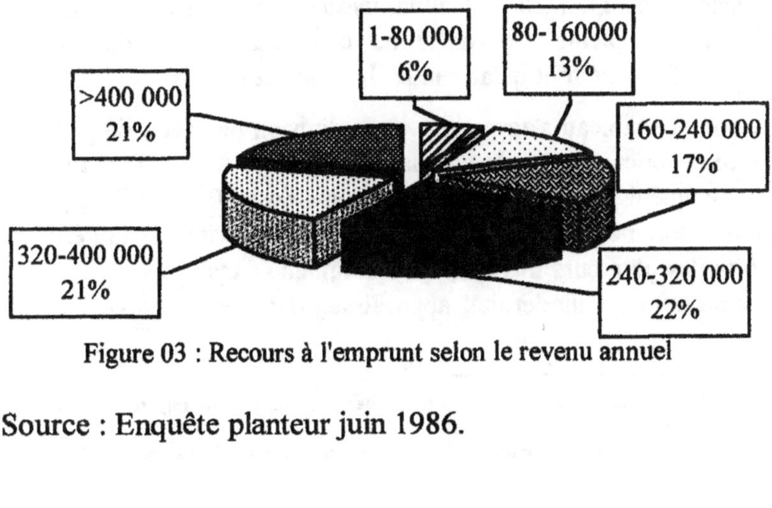

Figure 03 : Recours à l'emprunt selon le revenu annuel

Source : Enquête planteur juin 1986.

Les revenus «citadins»

La médiocrité des ressources est compensée par un revenu complémentaire important : le don en provenance des ressortissants urbains. Les villageois envoyaient des biens alimentaires aux "travailleurs" de la ville et les citadins dédommageaient en numéraire. Cette assistance est devenue unilatérale et profite essentiellement aux planteurs. Elle revêt diverses formes : prise en charge des jeunes ruraux scolarisés en ville, cadeaux divers de la part des enfants exerçant une activité professionnelle rémunératrice.

Allocation des revenus

D'après nos enquêtes, les revenus (agricoles et dons) sont affectés en priorité aux dépenses de consommation courante de l'unité domestique, puis à la scolarisation des enfants et aux frais de santé.
Le logement s'obtient essentiellement par voie d'héritage, plus rarement par construction. Par ailleurs, l'abaissement des ressources a réduit le nombre de nouvelles constructions, beaucoup ne connaîtront jamais d'achèvement, commencées dans une période prospère, elles restent en attente de jours meilleurs.
Les dépenses "cérémonielles"[39] apparaissent élevées, surtout dans des villages en pleine croissance où celui qui réussit doit se "protéger"[40]. Elles ne font qu'accentuer les frais des ménages.

Ce sombre tableau s'aggrave avec la division par deux du prix garanti au producteur pour la campagne 1989/90. Ainsi, 60 % des planteurs enquêtés touchent désormais moins de 10 000 FCFA par mois. Nous sommes loin de la période prospère décrite par le Père Méraud où les planteurs buvaient du champagne dans des verres en cristal et où toute la "modernité" apparaissait dans leurs cases.

---

[39]Par dépenses "cérémonielles", nous entendons funérailles, fêtes, dont la plus importante est la fête de génération, sacrifices...

[40]Le recours au fétichisme reste une tradition forte et l'*instrument d'une jalousie présente* (F.R. Mahieu, 1988).

Cette baisse de rétribution a des conséquences directes sur les unités de production et affecte bien évidemment les dépenses des ménages. On assiste à une diminution des investissements dans l'exploitation (entretien, engrais...) avec une réduction des possibilités de recours à une main-d'œuvre salariée. Les exploitants se retrouvent avec un minimum vital pour eux et les personnes travaillant sur leurs terres. En tout état de cause, seule la reproduction de la force de travail peut être assurée et les placements sur les plantations se limitent au juste nécessaire. En l'absence d'autres alternatives, les planteurs assurent le maintien d'une agriculture qui dépérit mais qui fournit, néanmoins, quelques compensations financières.

UNE SATURATION FONCIERE LATENTE

L'implantation des cultures pérennes a annulé le système de rotation spatiale. Le substitut à cette technique réside désormais dans le défrichement de la forêt noire pour l'ouverture de nouvelles plantations ou dans la réduction des temps de jachère pour les cultures vivrières. Ces marques de saturation foncière importante peuvent revêtir plusieurs formes (A. Yappi, 1979) :

- Une saturation sociale due à une forte pression démographique, qui oblige les planteurs potentiels à émigrer.
- Une saturation agronomique issue d'un épuisement du sol par manque de fertilisants.
- Existence d'une réserve mais "sous-estimée" par les planteurs, ce qui est fréquemment le cas des forêts en jachère.

La forêt, abondante au début de l'économie de plantation, tend à s'épuiser du fait d'une exploitation anarchique des ressources forestières et d'un manque de gestion de la part des planteurs. Cet appauvrissement se fait sous la double responsabilité de l'exploitation forestière (période coloniale pour la zone) et des défrichements agricoles.

Une limitation de l'espace

Les massifs forestiers disponibles et préservés dans la Basse Comöe le doivent certainement à leur difficulté d'exploitation et/ou à leur faible richesse en essences recherchées. Seules quelques forêts du Nord, sur socle ancien à relief accentué, demeurent encore à peu près intactes (Yaya, N'to), ainsi que quelques forêts particulières du Sud (forêt marécageuse de Nguechie et du sud de Yaou)[41]. Les autres massifs forestiers (Comöe, Memni...) ont subi un défrichement total au profit des cultures industrielles, notamment d'hévéa ou des cultures de café et/ou de cacao, pratiquées par les petits agriculteurs. Le cas de la forêt de Memni semble exemplaire à cet égard, ainsi que l'évolution chronologique de ses déclassements[42].

- 1934 : classement de 14 000 ha de forêts par les autorités coloniales,
- 1948 : déclassement de 2 500 ha
- 1954 : déclassement de 895 ha
- 1956 : déclassement de 1 053 ha
- 1973-74 : déclassement de 9 000 ha[43]

Entre 1934 et 1956, 4 448 ha de forêts sont déclassés, soit 202 ha/an. Entre 1956 et 1974, la moyenne passe à 500 ha/an, ainsi en 1973, la forêt de Memni sera entièrement déclassée

Jusqu'à une période récente, la terre vierge s'obtenait par défrichement renouvelé sur accord du chef de terre pour les individus originaires du village. Désormais, l'attribution des forêts du domaine de l'Etat s'effectue par décision administrative. Cette légalisation ne suffit pourtant pas à pallier le gaspillage de terre, sous la pression des planteurs "absentéistes" ou de ceux en quête de nouvelles parcelles à exploiter. Une grande déviance s'observe, ceci

---

[41] Les cartes sur les forêts classées et leur évolution jusqu'à la date de l'enquête sont disponible dans C. Faussey-Domalain, 1996.

[42] Source : Ministère des eaux et forêts

[43] Les 552 hectares restant ne figurent sur aucun document, pourtant la forêt est considérée comme complètement déclassée !

en dépit d'une mise en garde du Ministère des Eaux et Forêts. «*Il est important de souligner que la forêt déclassée est destinée à satisfaire en priorité les villageois riverains et éventuellement des villageois non autochtones, les demandeurs citadins ne sauraient en aucun cas être les premiers ou les mieux servis. Il est encore souhaitable de tenir compte dans la répartition, non seulement des besoins de terres immédiatement exploitables mais aussi de la nécessité de constituer, au profit des villageois, des réserves de forêts.*» Lettre circulaire n° 2188 du 20 août 1973 -
Lors de notre dernier passage dans la zone, la forêt Yaya[44] était en cours de déclassement sur pression d'un ministre du gouvernement, originaire de la zone. Les documents relatifs à ce déclassement indiquaient clairement que les principaux bénéficiaires appartenaient à la sphère administrative abidjanaise et non au village. Nombre de planteurs villageois ignoraient ce déclassement.
Dans ces conditions, la rancœur des planteurs est légitime. «Certains planteurs ont de grandes étendues. Ils ont fait la répartition selon la classe sociale des individus. Les "grands" ont plus et les "petits" ont moins. D'ailleurs toute la répartition s'est faite seulement au niveau des "grands", des riches. Quelle serait ma voix devant un "grand" ? Je ne peux rien au contraire c'est prêcher dans le désert. Même si tu es le premier à occuper une forêt[45] et que vous faites frontière, il s'introduit de force dans la tienne. Si jamais le mal te prend de discuter, il te combattra sans bavure puisque l'argent te manque pour le traduire en justice. Quelques rares fois, si tu arrives à le traduire, c'est plutôt toi qu'on condamne, on ne le voit jamais et cela c'est parce que "son argent a jugé l'affaire". "Il y a eu des planteurs dont les plantations de café-cacao leur ont été arrachées. Cela s'est même passé aussi dans la forêt Yaya. Ils

---

[44]La forêt Yaya a un peuplement forestier dense et préservé. Sa protection semblait acquise, dans la mesure où son relief est très marqué et le sol peu favorable aux plantations.

[45] Coutumièrement, chaque nouvel occupant s'installe le plus loin possible des autres cultivateurs, afin d'étendre son défrichement à partir de ces premières parcelles. L'implantation des cultures revêt l'aspect d'enclaves disséminées.

viennent d'Abidjan avec des militaires pour faire des délimitations bizarres, ne serait ce que pour s'emparer des plantations».

Les villageois refusent cette intrusion des citadins, légalement propriétaires, sur "leurs" terres et se servent de la sorcellerie pour obtenir la forêt. *«Quand mon père a acquis la forêt il n'a pas pu défricher la totalité, il est seulement resté sur un côté. Et des inconnus ont occupé une autre partie pour y mettre le fétiche... Puisque c'était des inconnus qui ont mis le fétiche, de peur d'attraper une sale maladie, j'ai préféré quitter les lieux. Sinon, je risquais de m'attraper une sale maladie sur ses lieux et la nourriture que je souhaitais avoir ne serait plus possible. C'est pourquoi j'ai quitté la première forêt pour me procurer une autre ailleurs.»*

Convoitise des urbains, procédés illicites de la part des exploitants villageois, les derniers morceaux de forêts noires disparaissent peu à peu. Face à la raréfaction de cet espace, les planteurs sont confrontés à un système fermé où l'espace libre devient l'objet d'enjeux qui leur échappent.

Une persistance de réserves individuelles

Des possibilités d'accroissement des surfaces cultivées subsistent en dépit d'un espace libre restreint qui peuvent revêtir diverses formes. La forêt primaire, vierge d'exploitation, est particulièrement recherchée, car elle garantit une haute productivité pour les cultures de rente. La forêt secondaire est une forêt de "deuxième génération", porteuse d'un stock d'humus moindre. Son sol, particulièrement épuisé, convient peu au cacao et au café et l'on y rencontre surtout des cultures vivrières. Un autre usage demanderait l'emploi d'engrais de manière intensive.

Les petites exploitations et dans une moindre mesure les moyennes arrivent rapidement à l'épuisement de leur capital foncier, la forêt y disparaissant au profit de la forêt secondaire (Fig.

04). Les autres formes d'exploitations disposent d'une portion de forêt noire.

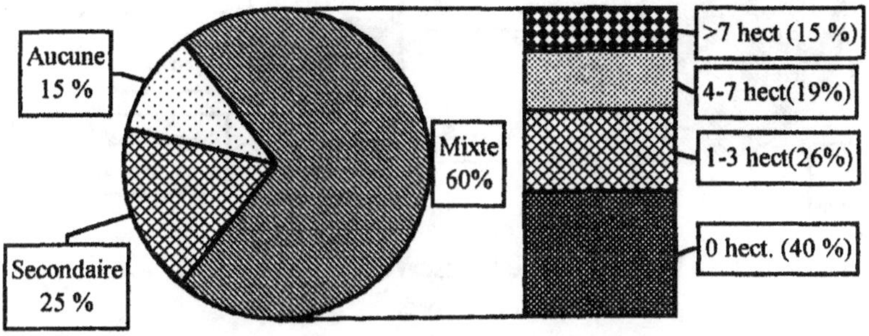

Figure 04 : Type de réserve des planteurs

SOURCE : enquête planteur juin 1986

La surface préservée est corrélée à celle cultivée. Deux constations se dégagent :

- Une forte saturation foncière prévaut surtout pour les petites exploitations, c'est-à-dire pour bon nombre d'unités de la zone.
- Un certain nombre d'individus conservent des îlots de forêt préservés. La réserve foncière s'accroît avec la superficie cultivée.

16 % des planteurs ne disposent d'aucune terre pour implanter de nouvelles cultures. Les 84 % restants déclarent détenir des réserves en terre, qui se constituent essentiellement en forêt mixte ou secondaire (Cf. Fig. 05) :

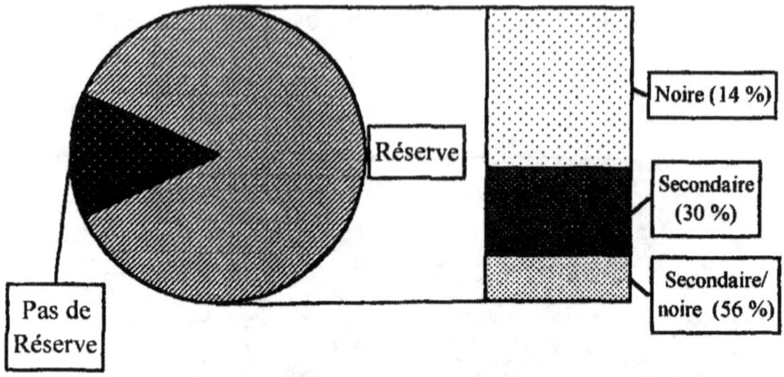

Figure 05 : Répartition de la réserve foncière selon la nature de la forêt

SOURCE : Enquête planteur juin 1986

La disparition de la jachère

La jachère, autre indicateur de la saturation foncière, touche les cultures vivrières. Elle permet à la terre de reconstituer son capital d'humus entre deux cultures. Afin d'éviter un épuisement apparent du sol, un temps minimum de repos entre chaque culture doit être respecté. Ce délai dépend de la qualité du terrain et de la culture choisie mais quelle que soit la culture pratiquée, un temps de jachère inférieur à deux ans entraîne un déclin significatif de la production vivrière à terme.
La durée maximale de la jachère se règle sur la réserve foncière exploitable à la disposition du planteur. Si 90 % des planteurs mettent leurs terres en jachère, l'importance de ce chiffre doit être relativisée par la courte durée de cette rotation (46 % entre un et trois ans, 43 % entre quatre et sept ans).

Cette rotation, basée sur une culture unique qui épuise les sols, risque d'aboutir à terme à un épuisement irréversible des terrains. Ce pronostic se confirme, puisque nous constatons une réduction de la diversification dans les plantes vivrières et un développement de la culture du manioc, culture facile sur sol pauvre, au détriment de l'igname, qui nécessite au moins deux années de jachère.

L'éclatement du terroir

La raréfaction de la terre et l'essor des cultures pérennes accroissent la distance des parcelles au village. Ainsi, 58 % des plantations se situent désormais dans un rayon moyen de 6 à 12 kilomètres autour du village. L'implantation spatiale des cultures est la suivante :

- La périphérie du village abrite des caféières très anciennes[46] ou des palmeraies à huile plantées récemment[47] après arrachage des colatiers ou/et des caféiers.
- À une distance moyenne se rencontrent toutes cultures pérennes. Elles correspondent à la phase d'euphorie de l'économie de plantation villageoise de la zone où les parcelles anciennes et récentes se côtoient.
- Dans les zones de déclassement récent poussent essentiellement des cacaoyers et caféiers jeunes.

Cet éclatement du terroir pousse les individus à se réorganiser dans leur hébergement et leur déplacement sur les exploitations.

Nouveau rôle des campements villageois

L'éloignement de leur lieu de travail se traduit, pour les planteurs, par des déplacements de plus en plus longs. Cette distance croissante entre le village et les plantations aboutit éventuellement à la construction d'un campement.

---

[46] D'une manière générale, les planteurs procèdent rarement à l'arrachage de leurs vieilles plantations et préfèrent les conserver même si les rendements sont anormalement faibles.

[47] Les premières palmeraies sont plantées à la périphérie du village sur des cacaoyères à faible productivité, datant de la phase pionnière de l'économie de plantation. Par la suite, Palmindustrie impose des normes de culture plus contraignantes, qui élimine ces vieilles plantations de faibles superficies. Les implantations se font progressivement plus loin du village, jusqu'à 20 kilomètres du bourg ce qui correspond aux limites entre le village de Memni et de Danguira.

Les campements peuvent être permanents, dans ce cas, leur origine est ancienne. Memni en a trois : Moninkoi, Akoikoï et Sokodji, Ils possèdent un statut officiel et revendiquent leur autonomie par rapport au village d'origine. L'organisation de la vie sociale reflète cette autonomie. En cas de litige, seul le chef de campement détient l'autorité pour régler l'affaire. De même, nous verrons que l'écoulement de la production s'effectue indépendamment du Groupement à Vocation Coopérative (GVC) de Memni et qu'aucune pression n'est exercée sur les planteurs pour qu'il en soit autrement. Nous les avons considéré comme indépendants lors de notre travail de terrain, ce qui nous a valu de très bons contacts avec cette population. Ceci n'aurait certainement pas été le cas si nous étions passée par le village de rattachement.

Autrefois, ces campements obtenaient leur indépendance complète. Maintenant, la limitation foncière et les nouvelles aspirations de la population limitent cette évolution.

L'éloignement croissant des plantations oblige la création de campements occasionnels. Un individu non véhiculé ne peut revenir tous les soirs dans le village et s'installe dans un campement, seul ou avec sa famille, pour la durée des travaux champêtres. Il revient au village les samedis et dimanches. Ces campements abritent souvent plusieurs familles quand leurs parcelles respectives sont proches les unes des autres, notamment dans le cas de nouvelles plantations. La durée d'occupation peut varier d'un individu à l'autre selon la distance du village, les moyens financiers, le nombre d'individus travaillant sur l'exploitation, le nombre d'hectares à cultiver... cependant la norme est de quelques jours.

Certains planteurs préfèrent la vie au village et ont organisé un système de transport pour véhiculer marchandises et individus entre le bourg et les exploitations.

Apparition d'un système de transport

Quelques agriculteurs utilisent des 404 ou 504 bâchées pour se rendre sur les plantations. Le chauffeur du véhicule, lui-même

planteur, les dépose en début de journée et les reprend le soir. Ce moyen de locomotion leur permet de participer à la vie villageoise et de transporter de plus grandes quantités de produits vivriers. La première 404 bâchée est apparue à Memni en 1983. A la fin de 1988, elles étaient au nombre de quatre, dont deux appartenaient au même propriétaire. Ce type de transport répond à un besoin des planteurs. Il est fort rémunérateur pour les propriétaires de véhicules et ceux que nous avons enquêté souhaitaient augmenter leur parc automobile dans un proche avenir. L'un d'eux envisageait d'abandonner la culture pour se consacrer exclusivement à cette activité.
Les individus les plus démunis continuent à se déplacer à pied.

LE ROLE DE LA MAIN-D'OEUVRE

L'intensification de la production par extension des surfaces semble compromise. Aussi, le facteur travail serait le plus apte, car le plus malléable, à assurer l'évolution de cette agriculture.
Dans un système extensif à base de travail manuel, l'espace cultivé dépend directement de la force de travail mise en œuvre et l'extension de l'unité de production se perpétue par l'accroissement du nombre de travailleurs. De plus, un équilibre doit être maintenu entre le nombre de travailleurs présents et la surface exploitée pour garantir de bonnes conditions de productivité. La force de travail présente devient ainsi un facteur limitant essentiel et l'adéquation bras/surface conditionne le bon fonctionnement de la plantation. Ce rôle déterminant de la main-d'œuvre dans la dynamique du système est au centre des études de référence traitant de l'économie de plantation villageoise (J.P. Chauveau - J.P. Dozon, Y. Affou, J.M. Gastellu, F. Ruf ...). Elles montrent que les rapports de travail oscillent au gré des régions étudiées, du fait de la différence de l'activité économique générale, des conditions historiques, des ethnies en cause... Ou encore du type d'organisation étudiée, dans la mesure où les unités familiales peuvent être perçues comme de

petits groupes de personnes délibérément unies pour faire avancer leurs propres intérêts.
L'allocation du travail est issue d'un choix des individus ou du groupe pour une activité plutôt qu'une autre. Ce choix est crucial dans l'économie des organisations, car il montre que l'individu est rationnel et qu'il adopte des stratégies dont dépendra l'orientation économique de la société.

Le travail agricole

Les travaux champêtres conditionnent pratiquement toute l'année de travail de la main-d'œuvre agricole qui partage son effort entre cultures pérennes et vivrières. Du défrichage des parcelles à la récolte, toute l'énergie dépensée sur l'exploitation est d'origine humaine et à base de travail manuel. L'homme assure les travaux pré-culturaux de défrichement sur les parcelles de vivrier, du mois de janvier au début de février. A l'issue de ces opérations, les champs vivriers sont dévolus à la femme du planteur[48] qui prend en charge tous les travaux, à l'exception du buttage des parcelles d'igname. En sus de ce secteur, une partie des travaux des cultures pérennes lui incombe et alourdit sa charge de travail, elle participe ainsi à toutes les activités de la production.
Le calendrier agricole initié par les travaux de préparation du lopin comprend un abattage sélectif des arbres, le plus souvent à la machette ou à la hache, puis intervient le défrichement proprement dit à l'aide d'une houe. La préparation du terrain terminée, le planteur procède au piquetage des plants principalement sous forme de boutures. Hormis ces opérations qui préfigurent l'ouverture d'une nouvelle parcelle, les autres principaux travaux en sont l'entretien et la récolte. L'entretien comprend le débroussaillage, la taille des branches et des gourmands, les traitements sanitaires. La récolte, travail laborieux, exige souvent un surcroît de main-d'œuvre et s'effectue manuellement.

[48]S'il y a plusieurs femmes, le terrain est divisé en parties égales où chacune d'elle plante selon ses désirs.

Ces diverses activités requièrent une grande présence sur l'exploitation. Or dans les villages, le nombre de jours non travaillés est considérable, notamment les jours néfastes ou interdits, le planteur ne peut se rendre dans ses champs pour y effectuer un quelconque labeur. Chaque individu a son propre jour néfaste qui l'astreint à demeurer chez lui *«car les esprits sortent pour vaquer à leurs occupations»* et il serait malséant de les déranger. A ces jours d'interdictions coutumières s'ajoutent les arrêts dus aux funérailles qui augmentent avec l'accroissement démographique des villages, par suite le nombre de jours chômés dépasse souvent les jours de travail. Cette "inactivité" est directement palpable dans les contacts avec les planteurs. Par exemple, si nous avions fixé un rendez-vous à un planteur sur son campement ou sa plantation, avant de nous y rendre, nous passions toujours dans sa résidence villageoise. Il nous est arrivé à maintes reprises de le trouver à son domicile bloqué par ces diverses obligations.

Le maintien de ce rite s'effectue au détriment de l'exploitation, mais peu de paysans se risquent à s'y soustraire car *«tout paysan qui ne s'y soumet pas s'expose à de graves ennuis»*. Ne peuvent déroger à cette règle que les planteurs présents sur leurs plantations lors d'un jour interdit. Aussi, les jeunes planteurs tentent-ils de contourner ces coutumes en désertant le village avant le lever du jour. Ce rite, devenu un handicap au bon fonctionnement des exploitations, est désormais abandonné par les Akyés du Kété (Y. Affou, 1979). Chez les akyés lépins de Memni et Montézo, cette coutume, appliquée et respectée, réduit considérablement le nombre de jours travaillés. L'attitude des akyés lépins à cet égard est révélatrice d'un certain conservatisme.

Les besoins en main-d'œuvre

Beaucoup d'auteurs considèrent la main-d'œuvre familiale comme le fondement du développement de l'économie de plantation villageoise. Dans une société paysanne, le groupe domestique en forme l'élément constitutif majeur, sa composition et sa dimension seront les facteurs dominants de son organisation. Du volume et de la disponibilité de ces individus dépend le bon fonctionnement de la plantation et cet élément conditionne directement le processus de production.

En moyenne, 6,7 personnes travaillent sur les exploitations villageoises. Ces productifs de l'unité de production sont essentiellement représentés par les membres de l'unité familiale, au sein de laquelle le groupe domestique restreint (chef de ménage, épouse(s), enfants) constitue la plus grande part. Le salariat, qu'il soit employé à titre temporaire où qu'il réside à demeure sur les terres, représente une part minime du personnel employé (Cf. Fig. 06).

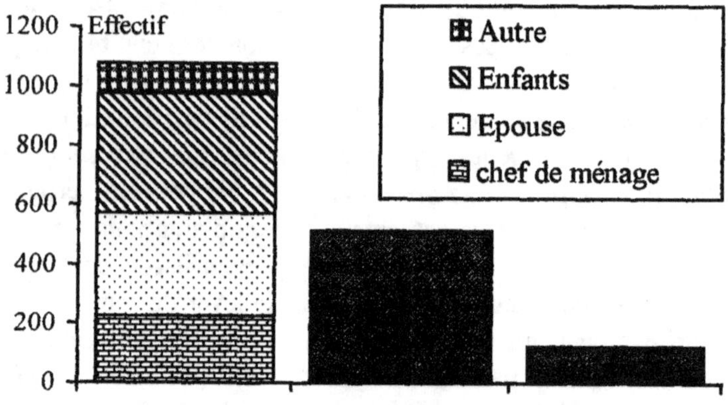

Figure 06 : Composition de la main-d'oeuvre

SOURCE : Enquête planteur juin 1986

Le planteur villageois puise dans les deux réservoirs de main-d'œuvre à sa disposition pour alimenter la force de travail nécessaire au fonctionnement de son exploitation. Sa famille en constitue la clé de voûte et un appoint, plus ou moins conséquent, lui est apporté par le recrutement de manœuvres. Les disponibilités

de ces deux composantes auront des conséquences directes sur les possibilités d'évolution de sa plantation.
Par l'examen du rapport hectares cultivés au nombre d'individus, il est possible de quantifier et d'appréhender, dans une certaine mesure, l'adéquation du nombre de bras à la superficie. Dans les paragraphes qui suivent, nous allons porter notre attention sur l'utilisation de l'unité domestique à la disposition du planteur. Dans ce système à base de travail, un équilibre doit être maintenu entre le nombre de travailleurs présents et la surface exploitée pour que les arbustes puissent être correctement entretenus. Il est ainsi possible de définir des seuils que le planteur ne peut dépasser. Pour aborder cet aspect, nous nous référerons aux travaux de la Sedes sur le sujet. Bien que cette étude date de 1967, les résultats restent transposables, dans la mesure où les moyens techniques ont peu évolué, et les valeurs utilisées demeurent dans le même système de référence. De cet apport, nous pouvons dégager quelques chiffres significatifs.

- Un hectare de cacao en production nécessite 31 jours de travail, 160 jours avec le défrichage. Dans le cas du café, ces valeurs passent à 90 jours. Le café requiert plus de travail que le cacao. Pour le palmier, anecdotique en 1967, nous prendrons en compte le chiffre indiqué par J.Ph. Colin (1990(a)), soit 30 jours.
- Un homme fournit 89 journées de travail[49], une femme 50 jours dans l'année.

A partir de ces données, nous pouvons déduire :

- La quantité de travail, en jours, nécessaire à une superficie donnée : nombre d'hectares cultivés x 31 jours (ex. : cacao).
- La quantité de travail, en jours, que peut fournir l'unité domestique.

[49]Ces chiffres nous ramènent à une valeur de trois hectares /homme productif, souvent mentionnés dans la littérature.

Nous pouvons ainsi calculer[50], d'une part la quantité de travail que l'unité domestique est apte à fournir et d'autre part la quantité indispensable aux superficies exploitées. Les résultats obtenus dégagent évidemment une approche grossière de la réalité mais ils permettent néanmoins d'appréhender l'apport de la main-d'œuvre familiale au niveau du travail. A partir de nos données, nous retiendrons deux valeurs du travail exprimées en nombre de jours. D'une part le nombre de journées de travail en rapport avec la superficie cultivée, d'autre part le nombre de jours que le groupe domestique productif est capable de fournir. La différence entre ce dernier chiffre et le premier fournit une valeur qui donne l'état de l'exploitation en terme de quantité de travail (cf. Fig. 07).

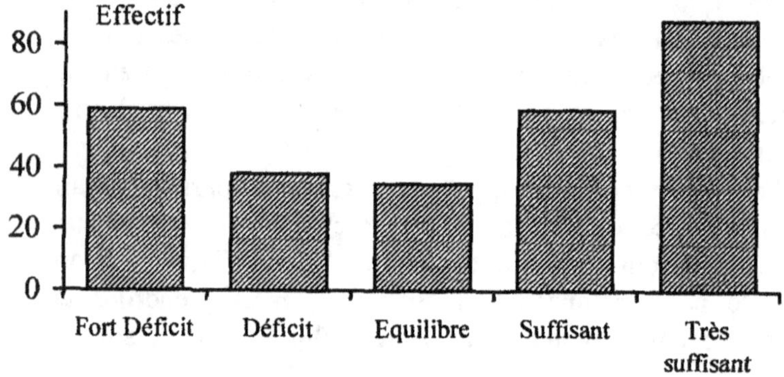

Figure 07 : Distribution de la quantité de travail domestique

SOURCE : Enquête planteur juin 1986.

Plus de la moitié des exploitations ont assez de personnel à leur disposition. Cependant, les unités avec des superficies inférieures à 4 hectares ont pratiquement toutes des besoins satisfaits en main-d'œuvre, dans 55 % des cas il existe même un fort excédent. Lorsque la superficie augmente pour les exploitations de taille moyenne (4 à 6 hectares), la situation paraît mitigée et pour 50 %

[50] Cf. C. Faussey-Domalain , 1996.

des individus, nous notons un état déficitaire mais bon nombre d'unités ont toujours des besoins couverts. A partir de 6 hectares, la situation se dégrade et l'on passe rapidement à un déficit marqué, la main-d'œuvre domestique ne suffit plus du tout.
Ce déficit ne correspond pourtant pas à un manque absolu, puisque l'examen de la main-d'œuvre familiale potentielle active, qui comprend les enfants du chef de ménage en âge de travailler, révèle une non-utilisation de ces individus. Nous avons calculé la quantité de travail que pourrait fournir la main-d'œuvre potentiellement active de l'exploitation, ce qui revient à intégrer dans ce calcul les enfants en âge de travailler mais qui n'exercent pas une activité agricole et représentent une main-d'œuvre potentielle. Les déficits observés sont les suivants (Cf. Tableau 05) :

TABLEAU 5 : Croisement des déficits en main-d'œuvre réelle et potentielle (effectif)

Main oeuvre. réelle Potentielle	Déficit	Pas de déficit	Total
Déficit	41 déficit non couvert	--	42
Pas de déficit	53 déficit couvert	170 pas déficit	223
Total	95	170	265

SOURCE : Enquête planteur juin 1986

Globalement 15 % de l'effectif, soit 53 exploitations, possèdent un déficit qui peut être compensé par l'appel à la famille qui exerce une autre activité. Dans les cas des très grandes unités, le déficit ne peut être couvert, vu la superficie. Pour les petites exploitations, le déficit reste quasi inexistant. Pour les unités moyennes, les cas sont partagés entre diverses solutions mais bien souvent le déficit pourrait être comblé par un apport familial.

Devant cette option de délaissement de la main-d'œuvre, qu'en est-il de l'utilisation des techniques de production ?

UNE INTENSIFICATION DELAISSEE

Des techniques de production sommaires

Loin de suivre les conseils des organismes de soutien, les planteurs persistent à cultiver selon des techniques anciennes. Les mêmes cultures et pratiques culturales se conservent d'une génération à l'autre.

Le défrichement, première étape de l'élaboration de la parcelle, implique la plus grande contribution de travail de la part du planteur et de sa famille. Ces travaux requièrent des outils rudimentaires : haches, machettes et plus rarement tronçonneuses[51]. A l'issue du défrichement, les nouvelles parcelles sont nettoyées et brûlées. Ce procédé, qui intervient en moyenne une semaine après le défrichement, peut se substituer en partie à l'utilisation des engrais. Il présente des similitudes avec l'utilisation des engrais et des produits phytosanitaires et revêt deux intérêts.
En premier lieu, les substances minérales accumulées par les plantes pendant leur croissance sont restituées à la terre après la calcination de la végétation.
D'autre part, le brûlis détruit les insectes susceptibles d'attaquer les plantes (chenilles, termites).

L'une des principales causes de la faible productivité de la zone se trouve dans un entretien insuffisant des plantations. Ceci prévaut également pour les forêts laissées en jachère qui, fréquemment abandonnées, sont envahies par les mauvaises herbes et perdent de leur fertilité. Cette absence d'entretien connaît diverses origines :

---

[51] Les tronçonneuses sont louées pour l'abattage des plus gros arbres, localisés essentiellement en forêt primaire.

- Une mauvaise connaissance des pratiques culturales : *«je ne traite pas mes plantes contre des maladies. Je ne connais pas ce qu'il faut faire pour traiter les plantes.»* Ou encore pour ce planteur du campement de Moninkoi qui n'utilise pas d'engrais, car il *«a peur qu'il abîme le cacao ; il grossit trop et cela n'est pas bon»*.
- Un manque de ressources monétaires.
- Une main-d'œuvre insuffisante.

Le taux de destruction des plantations confirme cet aspect. Au cours des trois années qui ont précédé l'enquête, 81 % des planteurs eurent des plantations détruites. Seuls 53 % des intéressés les ont reconstituées et d'une manière générale en partie seulement. Les causes de ces dommages se répartissent comme suit :

- 42 % sont dus à la sécheresse et aux incendies qu'elle occasionne. Les caféières, plus fragiles, sont les plus touchées.
- La pauvreté de la terre, qui correspond à un épuisement du sol, détruit 33 % des plantations,
- La maladie et le feu (15 %),
- Les rongeurs et les insectes (10 %).

L'utilisation de produits chimiques, engrais ou phytosanitaire, concerne une infime partie des planteurs. Le coût financier en est le principal facteur limitant et le leitmotiv qui ressort de presque tous les entretiens est : *«je n'ai pas assez d'argent pour la payer et aussi ceux qui vont aller faire le travail dans ma plantation»*. Les produits phytosanitaires achetés par le planteur grèvent lourdement le budget de l'unité domestique. Outre l'achat du produit le planteur doit louer un pulvérisateur et les services d'un manœuvre pour effectuer le travail. Nous avons souvent entendu : *«je n'ai jamais traité mes plantes contre des maladies parce que je n'ai pas d'argent pour me les fournir»*. ... *«Si j'avais reçu de l'argent, j'allais acheter des produits pour tuer les insectes et nourrir le sol. Mais hélas, c'est parce que, je n'avais plus de moyens que j'ai laissé la plantation de café».* Cette plantation venait d'être régénérée à la suite des conseils de la SATMACI ! !

Un matériel végétal suranné

Un verger révolu

L'ancienneté du verger cacaoyer et caféier (Cf. Fig. 08) n'est pas une spécificité de la zone. La superficie du verger caféier ivoirien est d'environ 1 300 000 hectares et comporte un pourcentage très élevé de vieilles caféières aux rendements faibles[52]

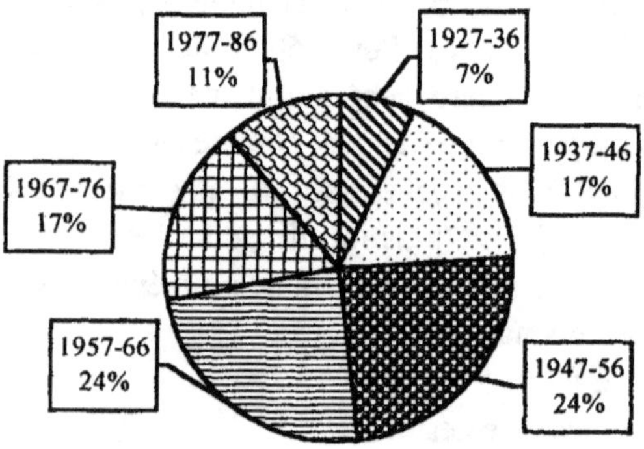

Figure 08 : Répartition chronologique des créations de parcelles cultivées à la date de l'enquête

SOURCE : Enquête planteurs – juin 1986

Les statistiques du Ministère de l'Agriculture font apparaître que seul 33 % du verger est à même de donner satisfaction, le reste n'étant apte à produire que 25 % de sa capacité réelle. Les résultats sont identiques dans notre étude puisque 49 % des parcelles sont âgées de plus de 35 années. Pour la plupart d'entre elles, l'âge des arbustes correspond à l'année de mise en exploitation de la parcelle.

[52]Les plantations de café et de cacao perdent de leur rentabilité après vingt cinq et trente années.

L'acquisition des plants : persistance de la coutume

L'acquisition des plants s'effectue essentiellement par l'intermédiaire de la famille, pour les cacaoyères et les caféières. A l'inverse les plants de palmiers sont fournis par la Palmindustrie qui régit cette culture, du plantage à la commercialisation.
La forte dominante familiale dans l'obtention des plants de cacao et de café s'explique notamment par l'âge des plantations. Quand celles-ci furent créées, la SATMACI n'existait pas, aussi la famille était-elle le principal fournisseur de plants. Actuellement, cet organisme joue ce rôle mais par manque d'information beaucoup de planteurs perpétuent le mode d'acquisition par la famille ou/et le repiquage. Lors de notre passage, la SATMACI distribuait gratuitement les plants pour les plantations inférieures à 10 hectares, cependant peu de personnes en étaient informées, cette mesure fut fortement entachée de "favoritisme". En dernier recours, de nombreux planteurs achètent les plants à d'autres agriculteurs. *«J'achète les nouveaux plants chez ceux qui en ont et je vais les planter»*.

Absence de régénération ou de recepage

Malgré la vétusté du verger, la régénération des plants de cacao ou le recépage des plants de café est peu courant dans les villages. 3 % des planteurs de cacao ont eu recours à cette pratique contre 7 % pour le café. Par suite, l'âge du verger correspond souvent à celui de la plantation. Une caféière de plus de vingt-cinq ans produit à peine le quart de sa potentialité. Or, recépée et bien entretenue selon les normes imposées par la SATMACI, elle peut doubler sa production dans les quatre à cinq années qui suivent. Cette absence de renouvellement des plants sur les exploitations s'accorde avec l'absence d'entretien constatée précédemment.

Le rejet des organismes de soutien

La SATMACI

La création de la SATMACI date de 1959, année de l'initiation des programmes sur le caféier et le cacaoyer à l'IRCC (Institut de Recherche sur le Café Cacao). La SATMACI, chargée de la vulgarisation des meilleures techniques de production dans les zones de café et de cacao, n'encadre qu'une partie des plantations, qu'elles soient nouvelles ou anciennes. Son action se définit comme suit : inscription et choix des nouveaux planteurs, avec une dominante de petites exploitations ; fourniture de matériel végétal (hybrides). Elle privilégie l'extension au détriment de l'intensification des cultures, notamment par l'octroi de primes au défrichage et au plantage. Dans cette optique, en 1986, la SATMACI a initié un programme d'extension du verger caféier en trois volets (renouvellement de 27 000 hectares de caféières) :

- Distribution gratuite de sachets et de boutures,
- Arrachage des vieilles caféières de plus de 20 ans
- Repiquage avec du matériel sélectionné, ce volet est renforcé par l'obtention d'une prime pouvant aller jusqu'à 60.000 FCFA à l'hectare.

Dans les faits, cette procédure ne concerne que quelques planteurs, vu l'état de dégradation du verger et le rejet de l'encadreur Baoulé par les villageois.

Le matériel végétal obtenu par cette voie, s'il ne bénéficie pas de soins en cours de production (traitement, taille...) apporte à terme des résultats équivalents aux plantations villageoises sans contrôle. Les caractères génétiques, qui prédominent les premières années dans un milieu contrôlé, sont annihilés une fois la plantation délaissée.

L'affectation permanente d'un agent au village devrait permettre un encadrement efficace s'il ne se heurtait pas à un différend ethnique entraînant un conflit "larvé" entre les coordinateurs ruraux et les planteurs akyé, chacun arguant de sa supériorité ethnique. Ainsi,

lors de notre passage les encadreurs de Memni et de Montézo tenaient des propos aigres-doux sur les planteurs akyés. Ils ne voyaient pas la nécessité de développer leurs plantations car «*ils n'écoutaient rien*». L'objectif de ces opérateurs était de retourner dans leurs villages pour créer leurs propres plantations et s'en occuper. Ce conflit ethnique explique le peu d'enthousiasme pour les nouvelles techniques culturales de la SATMACI.
L'absence de collaboration des planteurs limite les retombées des actions de la SATMACI. A la date de l'enquête, l'agent de Memni gérait 324 planteurs et celui de Montézo 192, pour une population totale concernée de 957 individus[53]. Les autres exploitants se désintéressent totalement des conseils des agents. Ils préfèrent les méthodes anciennes ou les conseils de la famille qui a "mieux réussi".
Que les planteurs soient "encadrés" ou "non encadrés", les transformations culturales se produisent plus par le biais du bouche à oreilles que par les agents des organisations de soutien.

Palmindustrie

Les années 20 correspondent au début de l'intensification de la production de palmier à huile sur la plantation de la Mè, située à une dizaine de kilomètres des villages étudiés. Depuis lors, ce phénomène s'est largement diffusé dans la zone.

Palmindustrie est inaugurée le 08 mars 1969, avec pour mission la gestion des plantations de palmiers de leur création à leur destruction. Cet organisme assure un ensemble de fournitures et de prestations de services et s'engage à fournir au planteur le matériel végétal. Première étape de leur travail, les agents de Palmindustrie prospectent le terrain et évaluent son aptitude culturale selon sa qualité et le relief. Sur la base de ces résultats, un contrat est signé afin de régir la future collaboration. A l'issue de cette phase de prospection, le planteur se doit de défricher et de

---

[53]Recensement de la population 1985, P. Vimard.

nettoyer la parcelle. L'encadreur procède ensuite au piquetage[54] qui détermine la quantité de plants attribuée au planteur, ainsi que l'engrais durant les trois premières années après le plantage, et l'entretien phytosanitaire pendant la durée du contrat. Le nombre d'hectares plantés par Palmindustrie se réduit chaque année mais, les plants, repiqués en marge par l'exploitant lui-même sont souvent acceptés par cet organisme, une fois entrés en production. Les agents de Palmindustrie, conseillers mais également coordinateurs, disposent d'un certain pouvoir en cas de non-respect du contrat. Au démarrage de l'exploitation, lorsque le planteur sème la plante de couverture, l'agent surveille les plantations afin que les femmes n'y pratiquent pas de cultures vivrières. Ensuite, si le planteur ne remplit pas ses engagements (production irrégulière, mauvais désherbage), les encadreurs peuvent recourir à des manœuvres, rémunérés sur le gain de la première récolte, pour effectuer le travail. Cette solution ne s'utilise qu'en dernier recours auprès des agriculteurs récalcitrants[55]. Généralement, le litige trouve un compromis avant cette extrémité.

La rémunération est mensuelle sur la base d'un prix fixé[56], avec un prélèvement de 1,50 FCFA par régime pour l'entretien des véhicules, du carburant et des routes pour la collecte lui incombant. Palmindustrie assure la collecte, mais un certain nombre d'exploitants vendent, totalement ou partiellement, sur les marchés d'Abidjan ou de la région, le long des routes[57] etc. Ce commerce qui s'effectue sous forme de bangui ou d'huile de palme, s'avère rémunérateur et tend à prendre de l'ampleur. Comme les planteurs sont propriétaires de leurs terrains, les agents ne peuvent empêcher cette dérive sur les marchés parallèles. *«Le terrain appartient au planteur et nous ne pouvons rien faire s'il n'a pas de crédits. Mais*

[54]Technique qui consiste à simuler les futurs palmiers par des piquets.

[55]De même, si le planteur coupe des palmiers avant la fin de la production notamment pour faire du bangui, "le contrat est déshonoré" et le planteur perd le droit de replanter.

[56]Après défalcation d'une retenue opérée pour le remboursement d'une fraction de l'aide à la création.

[57]Ces produits proviennent également de petits planteurs indépendants qui effectuent cette culture sur de petites surfaces.

s'il a des crédits à Palmindustrie, on peut le poursuivre et l'empêcher d'abattre».

Au fil des années, le nombre de contraintes liées à l'exploitation du palmier à huile augmente, notamment au niveau de la superficie minimale, ceci afin de réduire le nombre de plantations non rentables. Aussi, les planteurs optent de préférence pour les cultures cacaoyères et caféières moins contraignantes quant au travail, aux exigences en main-d'œuvre et aux contraintes imposées par Palmindustrie.

Les groupements à vocation coopérative

Les G.V.C. villageois limitent leurs actions au regroupement des productions de café et de cacao et en assurent la mise sur le marché. Ces organismes sont notoirement peu performants et ceux des deux villages ne font pas exception à la règle. Cette situation structurelle connaît diverses raisons : manque de soutien de l'Etat, situation administrative floue. De plus, l'intégrité des responsables est largement remise en cause par les populations suite à diverses affaires de malversations.
Le mode de gestion et l'influence des G.V.C. diffèrent entre les deux villages. A Memni, il est géré par des cadres d'Abidjan qui permutent tous les trois ans. A Montézo, les responsables sont des villageois.
Dans le premier village, les responsables "abidjanais" détiennent fréquemment des postes clés dans les organismes de soutien (C.S.S.P.A, SODEFEL,...) ou dans des administrations. Entre 1975 et 1980, le G.V.C de Memni, régi par un cadre abidjanais très dynamique, fut primé à Yamoussoukro et obtint une prime au plantage du cacao.
Les campements permanents ne relèvent pas du G.V.C. de Memni, ils se désolidarisent du village d'origine et mènent leur propre campagne. Moninkoi possède deux coopératives qui traitent avec un Dioula d'Ahoutoue, lui-même revendant au port. A Sokodji et

Akoikoi, la vente s'effectue essentiellement auprès du Libanais d'Alépé.
Le G.V.C. de Montézo réhabilité lors de la campagne café-cacao de 1986-87 obtient peu d'adhérents. Il conserve une mauvaise réputation liée aux détournements de fonds des anciens responsables.

Le choix d'un organisme tient essentiellement aux possibilités d'avance sur récolte. Les Dioulas payent dès la livraison de la récolte, tandis que le G.V.C. ne règle qu'après la vente au port. De plus, les marchands Dioulas accordent des avances, en nature ou en espèces, sans intérêt, à l'inverse de la coopérative, et pour des montants nettement supérieurs.
Les G.V.C. de la sous-préfecture d'Alépé ont obtenu des avances des exportateurs pour payer au comptant et rétribuer les planteurs avant même le retour des convoyeurs. Cette opération s'est effectuée à l'instigation d'un ressortissant du village de Memni qui occupe une place importante à la Caisse de Stabilisation. Par le biais de ses relations personnelles, il a encouragé les exportateurs à pratiquer des avances au niveau des G.V.C. de sa sous-préfecture. Cependant, ces avances restent modestes et face aux difficultés monétaires rencontrées par ces exploitants la préférence de vente aux marchands indépendants paraît naturelle.
Aux motifs financiers s'ajoutent un certain nombre de rancœurs personnelles. «Je ne donne pas mes produits au G.V.C., parce que c'est un groupement de famille. Le comité de gestion ne prête de l'argent qu'aux membres de sa famille... Moi, je n'ai aucun membre de ma famille dans le bureau... ». Cependant, une minorité écoule sa production avec le G.V.C., pour éviter les machinations : «Je vends au G.V.C. du village parce que les Dioula ne sont pas sérieux. Ils truquent les balances, les sacs et autres... Ils ne vendent pas directement à l'Etat... Ils vendent aux libanais donc les ristournes ne peuvent pas profiter au village».
A Memni, le GVC organise des opérations "coup de poing" sur l'initiative des ressortissants et avec le soutien du Directeur de la

Sûreté, originaire du village. Les camions des acheteurs privés qui traversent le village sont bloqués et le chargement est déposé dans les locaux du groupement.

A la fin de la campagne, chaque fournisseur de cacao ou de café (G.V.C., particuliers Dioula ou libanais) perçoit une ristourne, à répartir entre les planteurs, selon la quantité de produit commercialisée. Les acheteurs privés offrent une petite somme d'argent, un savon... à chaque exploitant. Cette ristourne n'est pas redistribuée à Memni par le GVC alors que sur la campagne 1987-88, la bonification sur la production des villageois livrant au G.V.C. s'élevait à 12 millions de FCFA. Cette non-redistribution est imputable aux ressortissants de l'ASSODEM[58] qui veulent doter le village d'une bonne structure de stockage[59] et de distribution, mais les villageois n'en voient pas l'intérêt.

Les planteurs ont une attitude d'assistés et affectent un refus d'investir sur la plantation (financier et humain). Leur stratégie s'effectue au "jour le jour" et se calque sur celle du voisin.

APORIE DU SYSTEME DE PRODUCTION

Le statisme des modes de production, voire leur régression, transparaît, au premier regard, par de nombreux aspects. Les acteurs principaux restent en retrait et ne s'impliquent que peu dans le mouvement de modernisation. Une certaine réticence face aux nouveaux procédés prévaut. Ainsi, ce planteur qui compare ses cultures à ses enfants. *«Le nouveau (café ou cacao), je le compare aux enfants de maintenant qu'on met au monde et qu'il faut soigner tout le temps parce qu'ils ne sont pas solides»... «Mais*

---

[58] L'Association des Originaires pour le Développement de Memni, est une organisation de ressortissants qui intervient dans la vie quotidienne du village, tant au niveau du G.V.C. qu'au niveau de l'organisation villageoise. Nous développons l'influence de cette organisation ultérieurement.

[59] La "super ristourne" de 2,5 millions, pour la campagne 1987-88, a permi l'achat de bâches pour protéger les fèves de cacao avant leur envoi aux exportateurs.

dites-vous que c'est parce qu'on le soigne trop, on le pulvérise. Remarquez que quand on arrête de faire la pulvérisation, c'est fini, tout se casse et commence à pourrir. C'est du cacao, ça ? Si nous nous fions seulement à ce cacao, on risque d'en manquer les années à venir»... «Je compare ce cacao à un enfant qu'il faut soigner tout le temps et moi, à l'ancien cacao. Quand je tombe malade, il me suffit seulement de mettre du piment sur tout le corps et je suis guéri, je ne vais pas à l'hôpital pour me faire soigner». Pourtant, au cours de son discours il se contredira. Encadré par la SATMACI, il a été un des rares planteurs à recéper sa plantation de café et s'avoue très satisfait des conseils des agents. *«Nous travaillons en collaboration. Avant hier déjà, ils m'ont donné des engrais et procuré des conseils sur les nouvelles méthodes d'utilisation et la façon de planter le café, le cacao»... «C'est de très bonnes choses (qu'ils nous enseignent) parce que cela nous permet d'avoir de très bons rendements, quand les conseils sont bien suivis».* Nous lui faisons remarquer l'opposition de ses propos et à la fin de l'entretien, son jugement se modère. *«Je ferai la part des choses puisqu'on nous dit que les nouvelles méthodes sont plus rentables, alors je ferai des champs où j'utiliserai les nouvelles méthodes et parce que je crains les effets néfastes des produits chimiques, pour cela, je ferai des champs où j'utiliserai aussi les anciennes méthodes, les méthodes que nous ont enseignés nos parents».*

Le conservatisme est tout autant lié à des problèmes financiers, conséquences immédiates de la chute des revenus agricoles, qu'aux difficultés d'adaptation à un nouveau mode de production. A cet égard, l'âge élevé des planteurs constitue sans doute un premier facteur explicatif de cette inertie et de leur fatalisme : *«si tu plantes et que ça réussit tant mieux».* Les planteurs se mettent en situation d'attente où interviennent en partie sur la plantation (entretien d'une parcelle plutôt qu'une autre ou encore utilisation d'un seul produit, engrais ou phytosanitaires).

La rareté du facteur terre accentue l'enjeu foncier. Ce capital recherché échappe de plus en plus aux villageois et son mode d'appropriation connaît des changements rapides. Les planteurs n'accèdent pas à ces distributions de terres par manque d'information, de pouvoir politique et économique. De plus, le manque de main-d'œuvre grève l'orientation vers un système extensif.

CHAPITRE 2 : STRATEGIES DE DIVERSIFICATION

Dans ce contexte, aucune stratégie de diversification n'apparaît que ce soit au niveau cultural (noix de cola, vivrier) qu'à celui d'autre activité.

LE SECTEUR VIVRIER

L'organisation du travail évolue, le sol s'épuise, la réserve foncière limite le défrichage..., tous ces facteurs font que l'on assiste à une modification du type de produits cultivés.

Un espace limité

Les cultures vivrières sont générées sur de petites superficies souvent inférieures à l'hectare et sur des parcelles indépendantes. Elles se répartissent en quatre catégories (Cf. Fig. 09).

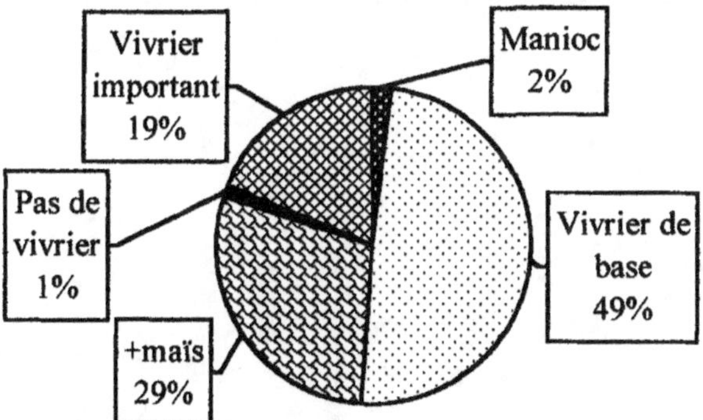

Figure 09 : Répartition des cultures vivrières (%)

SOURCE : Enquête juin 1986

1. Manioc uniquement (2 %)[60]. Ces planteurs situés dans la classe d'âge 50-69 ans possèdent de petites exploitations. Tout comme les

[60] La récolte du manioc s'étale tout au long de l'année et répond aux besoins de consommation des planteurs. Il peut se préparer sous de nombreuses formes : ragoût, "Attiéké" (semoule de manioc)

planteurs sans cultures vivrières, ils sont veufs ou divorcés et entretenus par leurs enfants.

2. La catégorie "vivrier de base" regroupe les exploitants qui cultivent des produits destinés à la consommation courante des ménages : banane, igname, taro, manioc, aubergine, piment, tomate.

Les deux dernières catégories apparaissent sur des exploitations de plus grande taille sans réelle saturation foncière. Plus la possibilité de culture est grande, plus nous remarquons une diversité dans les plantes vivrières, le maïs en étant l'exemple le plus frappant.

3. Le vivrier diversifié comprend le vivrier de base auquel s'ajoute le riz.[61]. Culture destinée à l'autoconsommation, elle se pratique sur de grandes superficies.

4. La dernière catégorie comprend le vivrier diversifié auquel s'ajoute le maïs. Elle concerne les individus qui possèdent les plus grandes superficies exploitables.

La nature du vivrier fluctue avec la taille de l'exploitation (Cf. Tableau 06).

[61]La culture du riz bénéficie de l'appui du gouvernement ivoirien qui tente de mieux structurer ces cultures vivrières. En 1960, 30 % du riz consommé est importé, ce pourcentage passe à 70 % en 1985.

TABLEAU 6 : Type de production vivrière selon le nombre d'hectares (en pourcentage)

	Type de production vivrière					
Hect.	Rien	Manioc	Vivrier base	Vivrier diversifié	Vivrier + Maïs	Total
1-3	--	--	62	9	28	100
4-7	1	5	50	22	21	100
8-11	--	2	40	23	35	100
12-15	3	--	37	20	40	100
> 15	--	--	47	26	27	100

SOURCE : Enquêtes planteur juin 1986-récolte 1986-87

La liaison saturation foncière-présence de vivrier est perceptible à divers niveaux. Le type de vivrier cultivé, le temps de jachère accordé, la réserve foncière et sa nature en sont les éléments principaux.

Tant qu'il subsiste un renouvellement des parcelles de cultures arborées, les plantes vivrières peuvent être combinées les trois premières années de la plantation. Dans la région, les créations de parcelles deviennent de plus en plus rares, de ce fait les produits vivriers sont relégués sur des terrains autrefois jugés improductifs.

Des produits auto-consommés

La pénurie de terre se manifeste dans les variations du temps de jachère. La durée maximale de la jachère se règle sur la réserve foncière exploitable à la disposition du planteur. Si 90 % des planteurs mettent leurs terres en jachère, l'importance de ce chiffre doit être relativisée par la courte durée de cette rotation. En effet, 47 % d'entre eux laissent la terre se reposer entre deux à trois ans, pour 43 % entre quatre et sept ans.

Le temps de jachère minimal nécessaire à la reconstitution du sol dépend de la qualité de ce dernier et de la culture choisie. Si la jachère dure moins de deux ans le planteur remarque un déclin significatif de sa production. A terme, il se trouve dans l'obligation d'adapter ses cultures à l'appauvrissement du sol, on note une réduction de la diversité des plantes cultivables, voire une spécialisation dans le manioc.

L'igname[62], culture traditionnelle des Akyé, épuise les sols et induit une baisse de fertilité des terres. Progressivement, il disparaît au profit du manioc, plus adapté aux terrains appauvris. De surcroît le manioc contient un latex vénéneux qui le soustrait aux problèmes que rencontre l'igname (attaque des insectes).

Des pratiques de vente qui évoluent

Les cultures vivrières sont qualifiées de cultures d'autosubsistance, dans le sens où généralement elles ne participent pas à la production marchande. Tout un débat prend naissance autour de cette notion d'autosubsistance excluant les cultures vivrières de la production marchande. Ceci sera notamment développé par J.P. Chauveau. «*C'est en zone forestière et non en dépit mais à cause de l'expansion des cultures pérennes que la production vivrière commercialisée s'est le plus développée - par le fait des autochtones dans l'Ouest et le Centre ou par celui d'immigrés, comme dans le Sud-Est et la Basse Côte*» (J.P. Chauveau, 1985). Ou par F. Ruf pour qui la régression de l'économie de plantation «*peut induire un regain d'intérêt pour les cultures vivrières, notamment sur les bas fonds et surtout à proximité des villes où les possibilités de valorisation sont meilleures*» (Ruf F, 1994). Que remarque-t-on dans la zone d'étude ? Une modification est-elle perceptible ? Assiste-t-on à une transformation de ce secteur ?

---

[62]Première culture vivrière du pays par son extension géographique et le volume de sa production. (Source : la Côte-d'Ivoire en chiffres, 1988)

La commercialisation des produits vivriers, tout comme dans d'autres zones proches (Y. Affou, 1979), est ponctuelle et partielle. Ceci ne signifie pas pour autant que ce secteur ne puisse subir des évolutions importantes. En théorie, un développement du secteur vivrier est envisageable du fait de l'importante source de débouchés que représente le marché villageois et par extension, abidjanais. En pratique, c'est le "statu quo". Nous observons pourtant une adaptabilité du secteur vivrier face aux contraintes naturelles et induites. Celle-ci se traduit de la manière suivante :

La transformation de l'organisation de l'espace oblige les cultivateurs-planteurs à agencer différemment leurs cultures vivrières en les restreignant, notamment aux bas-fonds. Cet aménagement est essentiellement lié à l'introduction des cultures pérennes et à la préférence des planteurs pour ces dernières. Cette adaptabilité du secteur vivrier se rattache à la période pré-coloniale «*Il apparaît nettement que bien avant la période coloniale les choix de systèmes de cultures vivrières pouvaient varier dans le temps et l'espace. Ces variations ne semblent pas dues à des déterminismes rigides de type écologique ou culturel pas plus qu'elles ne s'expliquent par une diffusion par "contact" entre groupes ethniques. Ces facteurs interviennent mais sont en quelque sorte surdéterminés par des contextes historiques spatiaux précis structurant l'ensemble des dispositifs de production et de valorisation.*» (J.P. Chauveau, 1979)

Outre des modifications spatiales, le secteur vivrier connaît des changements dans le type de plantes cultivées. Nous l'avons vu pour le manioc qui s'adapte aux terres épuisées mais également pour le riz cultivé dans les bas-fonds. Ces reports sur des cultures différentes sous-tendent également une grande souplesse dans les habitudes de consommation.

En ce qui concerne la main-d'œuvre, la division sexuelle du travail est modifiée par une incursion des deux sexes dans les secteurs traditionnellement réservés à l'un ou à l'autre. «*Seules 31 % des femmes se consacrent exclusivement aux cultures vivrières*»

(A. Guillaume, 1988), quant aux hommes, ils abordent le vivrier par le biais de la commercialisation.

Les cultures vivrières demeurent une pratique féminine qui se concrétise par la maîtrise que les femmes ont de leurs parcelles, que ce soit dans le choix des cultures, la vente... En cas de polygamie, la plantation est partagée en plusieurs lots et chacune des femmes conserve ses prérogatives sur sa parcelle. L'absence de femme dans un ménage entraîne une absence de production vivrière ou un faible développement de cette dernière, les 2 % de planteurs n'ayant aucune culture vivrière relèvent de ce cas.
Les ventes des produits, gérées par les femmes, sont généralement ponctuelles et portent sur de petites quantités. Propriété de la femme, elles sont destinées aux dépenses inhérentes à celle-ci et à la couverture des petites dépenses ménagères. Quand le commerce s'applique à des quantités plus importantes, il devient du ressort des chefs d'exploitation masculins qui en conservent les bénéfices. Cette démarche encore marginale révèle une nouvelle conception de commercialisation des produits vivriers. Cette tendance pourrait s'accentuer avec la crise du secteur des cultures pérennes.
«De même que la disponibilité d'un surplus n'est pas nécessaire pour qu'un producteur commercialise une partie de sa récolte, un fort taux d'autoconsommation ne signifie pas que le producteur ne cultive pas systématiquement pour la vente» (J.P. Chauveau, 1985). Cette constatation ne se vérifie que pour une infime partie de la population enquêtée, 20 % des planteurs consomment totalement leur production vivrière et 80 % d'entre eux la consomment et la commercialisent. La vente de la production vivrière se pratique dans des périodes de surproduction, au moment où l'écoulement sur le marché local s'avère difficile (tous les planteurs connaissent la même situation). L'argent perçu par cette vente est destiné à l'achat de produits manufacturés ou de consommation courante. Le secteur vivrier reste aux mains des femmes, essentiellement car il ne constitue pas une culture de rapport. La gestion de sa production et

de son écoulement s'effectue "au jour le jour". Peu de planteurs vendent leur production vivrière hors village.
L'importance et la diversité des cultures vivrières influencent la part consacrée à la commercialisation de ces produits. Ainsi, 71 % des planteurs qui cultivent du vivrier de base le commercialisent en partie, ce pourcentage monte à 80 % pour le vivrier diversifié pour atteindre 93 % pour le vivrier avec maïs. La vente s'effectue essentiellement dans le village quel que soit le type de production à l'exception du manioc, vendu entier ou sous forme d'Attiéké et qui est commercialisé à 40 % vers Abidjan.
La vente du manioc à destination de la capitale économique s'amplifie et peut augurer une modification dans la perception du secteur vivrier. Nous avons fréquemment vu des chargements de manioc dans les 404 ou encore sur les bords des pistes dans l'attente du transport. Le transfert de la production de manioc vers les villes constaté par J.L. Chaléard, dont il situe les débuts en 1984 lors de la crise agricole, se retrouve dans les villages.

Ces pratiques commerciales destinées à la vente du surplus, non appréhendées par nos enquêtes quantitatives, peuvent être perçues dans l'évolution du marché local au cours de l'année.
En période de production vivrière, tous les produits vivriers sont présents sur les marchés villageois. Par contre, lors de la soudure, nombreux sont ceux qui proviennent d'Abidjan, ainsi acheminés sur le marché, ils se vendent à des prix égaux et même supérieurs aux produits locaux. Aussi, le développement de la commercialisation de la production vivrière, si il devait exister pourrait déjà s'effectuer dans les villages où les prix de vente sont identiques à ceux de la ville et ceci sans coûts de transport. La vente des produits vivriers pourrait constituer une source de revenu complémentaire, mais la répartition sexuelle au sein de cette activité est le premier obstacle à son développement.

Le secteur vivrier fait preuve d'une grande souplesse tout en conservant une dépendance considérable par rapport aux cultures pérennes. Dans les conditions actuelles, il ne fait pas l'objet d'investissement particulier et semble plutôt délaissé, malgré l'existence d'un marché potentiel non négligeable. Ce peu d'engouement provient certainement d'une multiplicité de motifs qui interfèrent : pénibilité du travail, aléas de la loi de l'offre et la demande, inertie dans la mentalité des exploitants qui abordent un secteur généralement réservé aux femmes. Plus généralement, cette faible insertion dans un secteur qui paraît offrir des possibilités prometteuses, illustre les principaux obstacles que rencontre toute innovation du secteur agricole de notre zone d'étude. La plupart des blocages se trouvent au niveau de l'exploitant et des choix qu'il opère dans ses stratégies de production. Jusqu'à ce jour, nous sommes en présence d'agriculteurs spécialisés dans les cultures pérennes qui ne veulent pas modifier leurs habitudes et continuent de laisser aux femmes le soin de la production vivrière. Une modification de la mentalité paysanne serait nécessaire pour que le commerce des produits vivriers apparaisse comme une réelle source de revenus, comme on a pu le constater dans d'autres zones d'économie de plantation, au Togo par exemple (B. Antheaume, 1982) ou dans des régions de cultures vivrières comme à Bouaké en Côte-d'Ivoire (J.L. Chaléard, 1988). En ce sens, les orientations qui apparaissent se rapprochent de celles des cultures arbustives et sont étroitement liées aux caractéristiques du détenteur du pouvoir de décision (autorité, hiérarchie et contrôle).

L'EXERCICE D'UNE SECONDE ACTIVITE : UN APPOINT NUMERAIRE NEGLIGEABLE.

Comme cela fut observé en Europe (H. Mendras, 1978) ou dans d'autres régions de Côte-d'Ivoire (Y. Affou, 1979) les notables, ressortissants ou villageois, auraient pu amorcer une autre dynamique culturale. Cependant ceux-ci n'ont pas besoin d'intensifier leurs plantations dans la mesure où ils obtiennent des productivités satisfaisantes (plantations jeunes). Aussi, n'ont-ils pas suscité d'effet d'entraînement vers une intensification, comme on pouvait s'y attendre (Y. Affou, op. Cit.). Nous nous trouvons dans un contexte où les petits planteurs ne veulent pas prendre le risque de perdre une quelconque partie de leur production et préfèrent maintenir des plantations qui ont fait leurs preuves plutôt que se diversifier. Les éléments les plus jeunes et les plus novateurs n'ont ni les capacités financières, ni le capital foncier pour tenter autre chose.

Les planteurs de la zone vivent de cultures pérennes. Dans cette optique, nous observons un report de leur choix de l'une à l'autre : successivement, cacao, café puis palmier à huile dans un mouvement général de ralentissement. Cette forte spécialisation, qui ne souffre pas de concurrence notable, confronte la préfecture d'Alépé à une inquiétante régression de l'ensemble de sa production[63]. Elle remet également en cause les diverses politiques nationales d'intervention qui ne semblent pas être en mesure, actuellement, de diversifier les activités de cette région.
L'exercice d'une seconde activité peut apporter un appoint numéraire qui permette de minimiser les faibles rentrées d'argent de la vente des produits de rente. Or, seulement 22 % des planteurs exercent une autre activité : 57 % dans l'artisanat ou le commerce, 31 % dans la location de logement, le reste se répartit dans des activités diverses. Une certaine spécificité apparaît néanmoins selon les classes d'âge. Les plus jeunes se concentrent dans l'artisanat (maçonnerie, menuiserie...) et le commerce. Alors que les plus âgés, qui ont exercé durant la période prospère de l'économie de plantation, ont pu se constituer une rente (logement) qui leur fournit un revenu d'appoint.

Une relation existe entre le revenu des exploitants et l'exercice d'une activité parallèle. Ce sont les exploitants avec les revenus les

[63]La part des cultures pérennes dans les revenus monétaires, en l'absence d'autres productions, avoisine sans doute des valeurs similaires à celles d'autres régions soit de l'ordre de 75 à 90 % (Ancey et al., 1987).

plus faibles qui ont recours à cette pratique. Ce métier reste de l'ordre de l'appoint numéraire.
A la différence de leurs aînés, les jeunes exploitants ne bénéficient pas de l'aide des enfants en ville. Aussi, avec l'accentuation de la crise, la pratique d'une seconde activité s'amplifie. Le parcours antérieur influence cette pratique, 52 % pour les individus ayant eu un autre métier dans le passé, contre 34 % pour ceux qui n'ont jamais quitté le village et leur profession. Cette option, qui demande une absence des individus de leur exploitation, reste néanmoins le fait d'une faible partie de la population rurale des deux villages.
L'exercice d'une seconde activité souligne le peu de confiance que les nouvelles générations accordent à l'activité agricole puisque leurs tentatives pour améliorer leur situation ne passent pas par l'espace agricole.

CHAPITRE 3 : LA STRATEGIE HORS EXPLOITATION

Globalement, «face à la dégradation de leurs conditions de vie et aux incertitudes qui pèsent sur leur avenir, les Akyé jouent, plus que dans le passé, la carte de la scolarisation et de l'accumulation urbaine. L'éducation s'affirme encore plus comme étant la "priorité des priorités". L'étranglement de la pyramide des âges à 15-19 ans met en évidence l'émigration des jeunes, principalement dirigés vers Abidjan (A. Adou, 1986). Cet exode exprime une stratégie d'investissements à long terme par la scolarisation et fait ressortir le peu d'espoir de la population sur une nouvelle phase d'expansion de l'économie locale. » (C. Faussey-Domalain- P. Vimard, 1989).

DES ENFANTS SCOLARISES TARDIVEMENT

De 7 à 14 ans, les enfants sont en grande majorité scolarisés. L'avancement dans les classes d'âge correspond à un passage du statut d'élève vers celui de travailleur hors exploitation (Cf. Fig. 10).

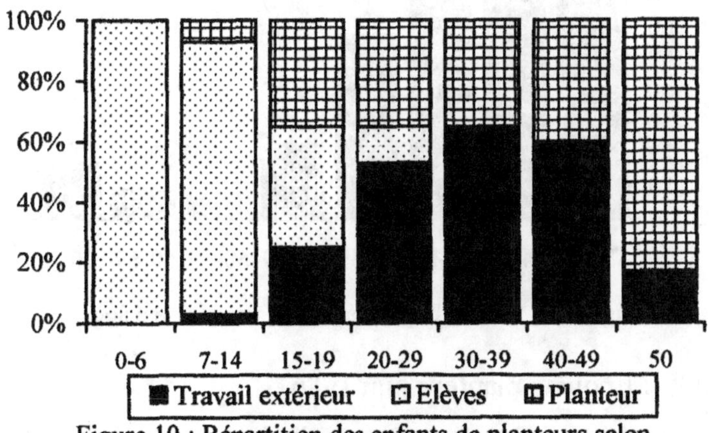

Figure 10 : Répartition des enfants de planteurs selon l'âge et la profession

SOURCE : Enquête planteur juin 1986

Par ailleurs, la classe d'âge 40-49 ans montre le même profil que les précédentes. Ce qui laisse à penser que les stratégies de désertion de la terre existent depuis de nombreuses années, puisque les individus de 45 ans à la date de l'enquête avaient 15 ans en 1950.
Autre constatation : pour la classe d'âge de plus de 50 ans, 80 % des enfants sont planteurs. Cette génération correspond à celle de l'accession à l'indépendance de la Côte-d'Ivoire où la scolarisation n'était pas encore généralisée. Beaucoup de jeunes travaillaient sur les terres même si une frange importante de la jeunesse villageoise, par rapport au reste du pays, occupait des emplois urbains.

L'essor économique du pays s'est accompagné d'une augmentation de la demande et du niveau scolaire. L'effort de scolarisation concerne en priorité les jeunes générations. Le contraste entre les diverses classes d'âge de la population enquêtée est significatif de cette évolution (Cf. Fig. 11).

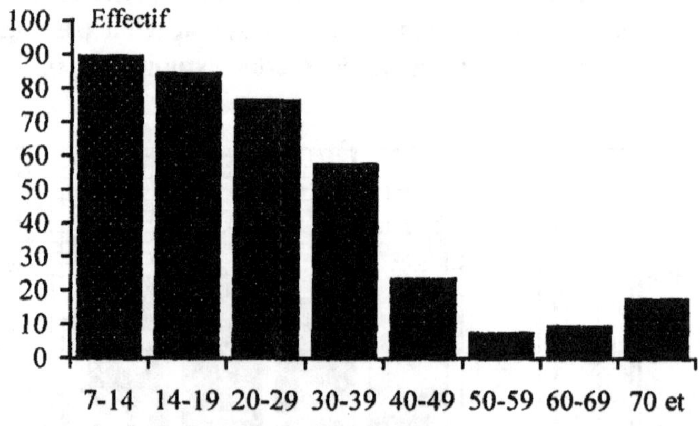

Figure 11 : Taux d'alphabétisation par classe d'âge

SOURCE : Enquête planteur juin 1986

Cependant, les effets de cette nouvelle instruction doivent être pondérés en fonction du niveau de formation de chaque individu. Le taux de scolarisation pour les classes d'âge de 7 à 14 ans atteint 82 %, alors qu'il est de 61 % pour les tranches d'âge de 15 à 19 ans et de 13 % pour les 20-29 ans. Par suite, le niveau scolaire global restera limité. Si 90 % des enfants en âge scolaire savent lire et écrire, peu d'enfants de planteurs dépassent la limite du cycle primaire. La localisation des infrastructures scolaires dans la zone explique l'importance de cet arrêt de scolarisation après le CM2. De la 6ème à la 3ème s'amorce un déplacement vers le collège d'Alépé ou les collèges et lycées d'Abidjan.

Dans la tranche d'âge 6-14 ans, la scolarisation concerne la majorité des enfants. Ce phénomène est donc indépendant du revenu du planteur. Les quelques enfants non scolarisés appartiennent à des familles nombreuses. Le nombre d'enfants est en moyenne de 3.1 lorsque les taux sont de 100 %, en revanche, celle-ci tombe à 2 pour des taux compris entre 0 et 99 %. Les 91 planteurs qui n'ont pas d'enfants dans cette tranche d'âge, sont essentiellement des individus de plus de 60 ans ou très jeunes.

Le passage au cycle secondaire éloigne les enfants du village avec une prépondérance très nette pour la ville d'Abidjan. Nous comprenons dès lors, les difficultés qui président à l'entrée d'un enfant dans le secondaire. Le coût de l'éloignement (frais de transport, logement...) vient s'ajouter aux frais engendrés par la scolarisation. Ainsi, dans la classe d'âge 14-19, nombreux sont les enfants non scolarisés. Cependant, aucun lien n'apparaît entre le niveau de scolarité des enfants et les revenus procurés par la plantation. Pour expliquer ce phénomène, il aurait fallu établir un parallèle avec le niveau de revenu de la famille citadine.
Au-dessus de 20 ans, les étudiants constituent une exception.

L'âge globalement élevé des élèves en regard de leur niveau d'études dénote une entrée tardive dans le monde scolaire et/ou un fort pourcentage de redoublement (Cf. Tableau 07).
L'obstination des parents à scolariser leurs enfants, malgré les frais que cela suppose et en dépit d'une réussite médiocre, souligne les vertus que les ruraux prêtent à l'école.

TABLEAU 7 : Répartition du niveau d'instruction des élèves suivant la classe d'âge.

	Classe d'âge		
Niveau d'instruction	7-14 ans	14-19 ans	20-29 ans
Cours Préparatoire	32	03	
Cours Elémentaire	32	03	
Cours Moyen	34	37	1
6-5 ème	02	25	12
4-3 ème		26	49
Second cycle		06	31
Supérieur			06
Inconnu			1
Total	100	100	100

SOURCE : Enquête planteur juin 1986.

Jusqu'en 1938, l'école était entièrement gratuite. A partir de cette date, une inscription forfaitaire de 60 FCFA par an est instituée, somme conséquente pour l'époque. La majorité des écoles étaient catholiques et dispensaient un enseignement religieux. Depuis l'indépendance, les écoles se sont laïcisées et les frais d'éducation subissent des majorations régulières qui varient selon les classes fréquentées et le type d'enseignement, privé ou public. Outre les droits d'inscription de l'enfant, le chef de famille se doit d'acheter un uniforme, les fournitures... Ces dépenses se multiplient lorsque la scolarité s'effectue hors du milieu d'origine (transport, l'hébergement...).

Pour permettre l'accès à l'éducation, la famille effectue un arbitrage financier entre la scolarisation et la plantation. De plus, le départ de

ces jeunes correspond à une ponction de la main-d'œuvre familiale, non remplacée par des manœuvres, faute de moyens.
La réussite scolaire des enfants était présentée par nos interlocuteurs comme un signe d'ascension sociale, mais il ressortait de la majorité des entretiens que le système éducatif dépassait souvent leurs possibilités financières. Nombre d'individus hypothèquent leur récolte en partie ou en totalité pour pourvoir aux frais d'inscription des enfants. Ils font également appel à la solidarité familiale afin d'acquérir les uniformes et les fournitures.
Les maisons en "dur" inachevées dans le village concrétisent, certes, la perte du pouvoir d'achat des planteurs de la zone, mais elles traduisent aussi les choix opérés par les individus. Un planteur interrogé possédait une habitation "en dur", mais sans porte ni fenêtre et ne pouvait l'achever car la scolarisation de ses enfants était trop onéreuse. Sa fille suivait une formation en dactylographie et avait échoué deux années consécutives à l'examen de sa première année. Cependant, il lui "payait" un troisième essai dans un nouvel établissement... sa fille devait réussir, il était prêt à mettre la somme nécessaire à cet effet.

La scolarisation "à tout prix" peut représenter 20 à 25 % des sorties budgétaires dans certains cas (J.L. Chaléard, 1987). Dans les villages étudiés, ce pourcentage peut atteindre 50 % des revenus. Jusqu'à la fin du cycle primaire, la scolarisation est locale et peu onéreuse. Elle permet aux planteurs d'utiliser les jeunes élèves pour les récoltes et les gros travaux. Les instituteurs, avec lesquels nous avons travaillé, se plaignaient de cet absentéisme.
Les contraintes financières devraient limiter la scolarisation, mais pour nombre de planteurs, la solidarité urbaine doit se substituer à eux dans cette fonction. Tel ce planteur sans revenu qui confiait son fils, arguant que si les ressortissants avaient du travail en ville c'était grâce à la solidarité familiale. Aussi, trouvait-il normal qu'en contrepartie, ces derniers assurent les frais de scolarité et d'hébergement à sa place puisque lui n'en avait pas les moyens. Le monde citadin qui, jusqu'à présent, accueillait les enfants est de

moins en moins enclin à supporter les charges qu'occasionnent ces jeunes élèves. Les urbains tentent d'amoindrir cette assistance, mais ne peuvent s'y soustraire complètement.

DES NIVEAUX D'INSERTION DIFFERENTS

La proximité d'Abidjan, pourvoyeuse d'emploi, a suscité un flux migratoire des jeunes ruraux. Pour bon nombre d'entre eux, ce départ s'est soldé par l'obtention d'un emploi valorisant, notamment dans les grandes administrations. Cette réussite, même ponctuelle, a séduit les planteurs et jeté les prémices des stratégies de scolarisation de leurs enfants.

En quête d'une reconnaissance sociale et d'un salaire conséquent, les jeunes rêvent d'une réussite spectaculaire et d'un retour valorisant au village. Si au début de l'économie de plantation ce type de scénario a pu se produire, au fil des ans la situation abidjanaise s'est dégradée et leurs espoirs seront souvent déçus. Face à l'afflux des ruraux dans les villes, les emplois urbains deviennent insuffisants et le degré de scolarisation nécessaire pour obtenir des emplois qualifiés de plus en plus élevé. L'amplification de la crise, due à la chute des cours des matières premières commercialisées par la Côte-d'Ivoire, resserre le goulet d'étranglement du marché du travail et bon nombre de ces migrants vont grossir les rangs des sans emplois.

L'insertion dans le monde urbain, souvent difficile, diffère selon le sexe et le niveau d'instruction. Déterminant principal, le sexe opère une présélection sur les emplois occupés. Les filles, de niveau scolaire inférieur à celui de leurs frères, se retrouvent en général sous la coupe de la famille urbaine. En échange de leur hébergement, elles sont vouées aux tâches d'aide ménagère ou de revendeuse dans le petit commerce. Ainsi, elles représentent un appoint de main-d'œuvre bon marché. Cette forme d'emploi les bloque dans toute évolution professionnelle et sociale. Elles peuvent difficilement résister aux contraintes imposées par la famille et la

société pour franchir cette étape (revenu, statut...). Seules quelques-unes parviendront à surmonter ce handicap.
Les débouchés, plus nombreux pour les garçons, dépendent essentiellement de leur réussite scolaire. Les plus instruits iront dans le secteur tertiaire, notamment le fonctionnariat. Les moins cultivés occuperont des emplois à tendance manuelle. Les non scolarisés se partageront entre l'artisanat et le chômage[64].

L'examen de la carrière des enfants de planteurs de plus de 19 ans illustre le semi-échec des stratégies développées par les autorités parentales et la carence du système éducatif. Sur ces 899 enfants, 9 % sont dans le circuit éducatif, 34 % occupent un emploi sur la plantation, 53 % exercent une autre activité et 4 % sont sans emploi. Pour les élèves, 64 % n'ont toujours pas obtenu leur Brevet d'Etudes Supérieur, 27 % sont dans le secondaire et seuls 11 % effectuent des études post-baccalauréat.
La défaillance scolaire oriente les enfants vers des domaines d'activités différents de ceux escomptés lors de l'entrée dans la vie active. On assiste ainsi à l'émergence d'un secteur informel ou non structuré dans le domaine de l'artisanat (tailleur, menuisier, cordonnier, mécanicien, maçon...) qui absorbe les individus non scolarisés ou déscolarisés sans emploi (Cf. Tableau 08). Seuls 17 % des enfants exercent une profession dans le secteur tertiaire, mais rien ne prouve que ce soit à des postes à responsabilité, contre 48 % qui travaillent dans l'artisanat ou comme ménagères.

La saturation du marché de l'emploi urbain diminue la rentabilité de la démarche scolarisation-migration. Les résultats obtenus n'atteignent pas toujours les objectifs escomptés, ce malgré la mobilisation des efforts de l'ensemble de la famille. Aussi, pour quels motifs les chefs de ménage ne privilégient-ils pas leurs plantations ?

---

[64] Le taux de chômage des fils de planteurs est de 14 % tous niveaux d'études confondus.

TABLEAU 8 : Profession des enfants de plus de 19 ans selon le lieu de résidence (%)

	Profession							
Lieu de résidence	Planteur	Commerce	Artisan	Élève	Service	Ménagère	Chômeur	Total
Village	71							100
Alépé	28	09	09	40	06	07	01	100
Abidjan		09	22	18	17	26	09	100
C.I.	07	02	09	23	32	27		100
Étranger				70		24	06	100

SOURCE : Enquête planteur juin 1986.

CHAPITRE 4 : L'APORIE DU SYSTEME DE PRODUCTION CHOIX OU CONTRAINTE ?

L'AGE DES PLANTEURS : UNE PREMIERE EXPLICATION.

Notre échantillon de planteurs fait figure de gérontocratie, 32 % ont plus de 60 ans. Nés, pour la plupart, au cours de la première moitié du siècle, ils ont vu leurs chances d'accéder à un âge avancé s'accroître avec la baisse de la mortalité.

Les plantations semblent "faire corps avec le planteur". Créées, puis développées dans les années les plus actives de la vie du paysan, elles ont connu une phase d'expansion puis une période de stagnation, comparable à l'enthousiasme et au mode de pensée du planteur aux diverses étapes de sa vie. Aussi, parallèlement au vieillissement du planteur, le verger accuse une ancienneté[65] de plus en plus prononcée qui se traduit par une baisse de productivité de toutes les exploitations de la zone. De nombreux planteurs calculent l'âge de leur arbuste par rapport à leur propre âge. *«Je ne me rappelle plus de l'âge de ma première plantation, je l'ai créée très jeune. Quand je remarque ma plantation, je vois que cela me donne plus comme avant. C'est devenu une vieille plantation. Donc, je ne peux pas vous dire exactement l'âge que cela fait»*...
D'après une étude faite sur la sous-préfecture d'Alépé par le Ministère de l'Economie des Finances et du Plan en 1979, des rendements de 250 kg/ha pour le cacao et le café se maintiendraient jusqu'en 1985, grâce à l'entrée en production des plantations les plus jeunes (ce qui s'est vérifié) mais déclineraient pour atteindre en moyenne 210 kg/ha en 1990 et 190 kg/ha en l'an 2 000, ceci en l'absence d'arrachage et de rénovation. Ces chiffres se voulaient optimistes puisqu'en 1986, 80 % des planteurs de cacao et 82 % des planteurs de café n'atteignaient pas les 200 kg/ha. Nous nous trouvons dans la phase de fin de cycle, les arbustes, non régénérés,

[65] 58 % des plantations ont vu le jour avant 1960.

non entretenus se développent avec difficulté sur des sols appauvris. Le vieillissement des planteurs accentue cette phase de décroissance.
La main mise des vieux exploitants sur le capital foncier s'opère au détriment des classes les plus jeunes, reléguées à la seule détention du travail. La confrontation de la taille de la plantation avec l'âge du détenteur de l'exploitation montre clairement les difficultés rencontrées par les jeunes pour accéder à des exploitations de taille moyenne. Jusqu'à 40 ans, on ne les rencontre que dans les petites exploitations. A partir de cet âge, leurs chances d'accéder à des propriétés plus vastes croissent. De fait, presque toutes les unités de plus de 6 hectares, appartiennent à des planteurs de 50 ans révolus.

«L'âge des planteurs chefs d'exploitation est relativement élevé et cela pourrait laisser penser à une succession rapide de cette génération de planteurs, celle qui a souvent créé les plantations en défrichant la forêt primaire, par une génération plus dynamique et mieux à même de faire évoluer le système de production. En fait, la baisse de la mortalité entraîne un recul de l'âge auquel le planteur transmet ses plantations et les responsabilités dévolues au chef d'exploitation et par conséquent un retard de l'âge auquel son héritier les reçoit, et elle accroît en revanche le nombre de descendants de sexe masculin ne bénéficiant pas de cet héritage, destiné à un seul[66]. Ceci conduit à un ralentissement de la transmission des biens et des pouvoirs villageois et à un blocage social dans la mesure où tous ne peuvent participer au partage.» (C.Faussey-Domalain - P. Vimard, 1989)
L'histoire de ce jeune planteur de 31 ans, illustre les difficultés rencontrées par les nouvelles générations. Il fut scolarisé jusqu'au CM2 à Memni, puis a travaillé dans une boutique pour revenir au

[66]Actuellement les chefs d'exploitation ont en moyenne 53 ans. Compte tenu de l'espérance de vie et de la fécondité la transmission de leurs plantations à leur décès se fera dans quinze à vingt ans, à *leurs fils aînés, qui auront alors en moyenne entre 40 et 45* ans et qui représenteront le tiers des enfants de sexe masculin survivants.

village car «*je n'ai pas un niveau d'instruction trop élevé, si jamais je restais travailler en ville, je n'aurais pas un salaire assez élevé... alors je ne serais pas capable de payer un loyer, je risquerais d'être un véritable parasite dans le foyer de quelqu'un d'autre... C'est à cause de tous ces problèmes que j'ai préféré venir à la terre pour me créer des plantations*». Dans un premier temps, il s'installe sur une terre donnée par son père, puis "rentre" dans la forêt classée en 1974, sans autorisation, cette plantation sera mise en production en 1976. Ce jeune planteur utilise les méthodes ("des blancs") modernes. «*Parce que celles-ci permettent de faire rapidement de bonnes récoltes, par contre celles de nos vieux c'est à dire les méthodes rudimentaires, ne nous fournissent pas de bons rendements*». Mais il rencontrait de nombreux problèmes pour financer ses engrais et produits phytosanitaires et ne pouvait entretenir de cette façon toute sa plantation. Père de deux jeunes enfants, il ne pouvait de plus employer de manœuvres.

La position dans le cycle de vie influencera négativement les décisions stratégiques sur la plantation.

LA MINIMISATION DU RISQUE

Les individus font un choix qui relève de la théorie des jeux afin de décider de leur mode de production. Aussi, arbitrent-ils entre les différents possibles et choisissent-ils les options les moins risquées. Il existe cependant, en économie deux manières de concevoir analytiquement l'avenir où l'ensemble des états de la nature ne sont pas connus a priori : l'incertitude et le risque. L'incertitude se manifeste lorsque les agents ne sont pas en mesure de déterminer avec précision l'ensemble des caractéristiques de l'avenir. Le risque signifie qu'il existe plusieurs avenirs possibles dont les agents connaissent les caractéristiques, sans pour autant être en mesure de spécifier celui qui sera effectif. Aussi, un agent en situation d'avenir risqué éprouve de l'aversion au risque, qui peut être variable selon les individus. Ceci notifie que les agents, qui font des anticipations différentes au vu d'une telle situation, ne définissent plus les biens par l'événement qui les conditionne, mais par les probabilités qu'ils attachent à leur réalisation effective (S. Jallais, 1992).

Un planteur ne devient pas chef d'exploitation du jour au lendemain : il remplit le rôle d'aide familial ou de manœuvre, jusqu'au moment où on le considère et/ou il se considère apte à assumer lui-même celui de chef d'exploitation (sans considération des contraintes financières). L'apprentissage sur le tas, grâce à la transmission des connaissances qui est de mise au sein de la plupart des unités de production permet au jeune planteur d'acquérir des connaissances sur l'exploitation. Lors de son apprentissage le jeune planteur est considéré dans une situation en avenir radicalement incertain. Au cours de l'apprentissage l'incertitude se substitue en risque. Le savoir acquis lui permet de maîtriser, dans une certaine mesure son avenir. Les états de la nature sont pour ainsi dire connus, seule demeure en suspend la probabilité de réalisation de l'un ou de l'autre d'entre eux.

Les planteurs ont une forte tendance à minimiser les divers risques rencontrés. Ceci se traduira, par exemple, par le maintien d'une vieille plantation en production, plutôt que d'assurer son recépage, le refus d'essayer de nouvelles techniques de production ou encore de nouveaux plants... Les planteurs âgés ne se lancent pas dans de nouveaux modes de production où les risques ne sont pas évalués. Il vaut mieux avoir "quelques cabosses que rien du tout". De fait, la plantation procure chaque année un faible revenu. *«Je ne l'abandonnerai jamais... même si j'ai trois sacs et que le prix n'est pas élevé, je prends la somme que je gagnerai.* » Nous sommes dans une optique à court terme où il n'existe pas de reproduction élargie mais une simple reproduction des conditions de production.

Le planteur préfère une culture assurée qui rapporte un minimum plutôt que perdre la totalité de sa production et son choix de variété des produits tient compte de cet impératif. L'état d'esprit de nombre d'entre eux est : *«faire comme les autres et obtenir quelques cabosses». «Quand j'ai commencé ma plantation c'est ce qui était partout à la mode, on nous a dit que cela produisait beaucoup, nous l'avons planté et je crois que je ne le regrette pas. Cela ne fatigue pas»... «J'ai commencé avec le café car avant c'était le café qui était à la page. On s'intéressait tous au café. Il avait vraiment une valeur... Maintenant, le café ne peut amener loin son homme». «J'ai l'ancienne variété et la nouvelle variété aussi, le cacao Ghana. J'ai planté la nouvelle variété, il y a 9 ans... Lorsque la nouvelle variété est arrivée, tout le monde commençait à la planter. Moi aussi j'ai pris goût et je l'ai planté. Pour moi, c'est pas parce que la nouvelle variété est mieux que l'ancienne variété mais c'est une question de vouloir faire comme les autres. Je ne vois pas tellement la différence entre les deux variétés. Pour moi, les deux donnent des cabosses de cacao c'est l'essentiel.»* A ceci s'ajoute l'attrait de la rémunération immédiate. *«Le cacao, ne tarde pas à produire et la récolte est vite faite. Alors que le café, il faut attendre des années sur des années, la récolte se fait à long terme, je ne peux attendre une telle durée.»*

Dans le contexte de l'économie de plantation villageoise, les individus n'ont pas intérêt à intensifier leur production, car cela supposerait des coûts supérieurs aux rapports escomptés. En effet, dans cette situation d'information imparfaite où l'avenir est incertain, le choix s'opère vers une orientation qui semble mieux adaptée au contexte villageois, le contrat avec les ressortissants qui assure un revenu sur du long terme et sans fatigue. Ceci est résumé par Ph. Hugon «*Dans des sociétés prédatrices et aléatoires, les agents n'ont pas intérêt généralement à amortir le capital, à réaliser la maintenance et à dégager un surplus. Il est utile de mobiliser la théorie des choix en situation d'information imparfaite et asymétrique (risque et incertitude), ou la théorie des droits de propriété et des contrats explicite ou implicite et le rôle des règles et des conventions dans un contexte incertain (Hugon, Pourcet, Quiers-Valette, 1995).*» (Ph. Hugon, 1995)

LES LIMITES DE L'APPROCHE ANALYTIQUE

L'exploration de quelques aspects du système de production met en exergue plusieurs contradictions :

- Les difficultés actuelles ne sont pas uniquement liées au contexte international et à la mauvaise passe que subissent les cultures de rente. Conséquence de l'inadaptation des sols, les rendements de la zone ont toujours été relativement bas et les revenus médiocres. Pourtant, les exploitants persistent dans leurs options agricoles.
- Bien que la saturation foncière soit une réalité et que la forêt noire soit limitée à la portion congrue, beaucoup d'individus possèdent quelques hectares de forêt, vierge de tout atteinte. Dans un espace limité, le délaissement de ces terres est peu compréhensible.
- Certaines améliorations techniques sont rendues possibles par divers organismes de soutien. Leurs actions pourraient sans doute améliorer les rendements de manière significative mais les planteurs adoptent à leur égard une attitude de refus.
- La main-d'œuvre alimente l'évolution du système, elle demeure pourtant l'un des facteurs limitants ; Familiale : elle quitte l'unité d'exploitation ; salariée : le planteur n'y fait que ponctuellement appel.

L'aporie du système de production est liée à des facteurs internes au système (foncier, main d'œuvre) mais aussi externes (âge des planteurs, aspirations des jeunes générations et de leurs aînés). Tout en étant liée à des causes structurelles, elle s'explique également par le choix des exploitants qui s'opère au détriment de la productivité de leur outil de travail.

Les stratégies[67] des planteurs découlent de leur conception de l'avenir. Elles se traduisent par un rejet de l'économie de plantation et une volonté de trouver des solutions hors de l'espace agricole, par

[67] La stratégie est un ensemble d'objectifs de conduite de l'exploitation qui va mobiliser des moyens et mettre en œuvre des itinéraires techniques.

le biais de la migration/scolarisation. Cette détermination, issue d'un processus cognitif, trouve sa source dans l'histoire du pays et de la zone. Elle sera induite par le collectif cognitif prenant sa source dans l'ethnie mais aussi dans le passé géographique et historique de la société. Les choix culturaux, éducatifs sont issus de routines organisationnelles qui évoluent lentement car elles demeurent liées au vécu des individus.

Cette situation ne peut être circonscrite à la conjoncture économique ou à des contraintes écologiques. Elle fait référence à des stratégies décidées par les paysans et intimement mêlées aux caractéristiques de l'organisation (structure, hiérarchie, ethnie...) qu'est le groupe domestique. Dans le système d'économie de plantation villageoise étudié, c'est le planteur, investi de son statut de chef d'exploitation, qui détient l'autorité sur sa plantation et se retrouve seul décideur de la gestion tant technique qu'économique de ses parcelles. En outre, en tant que chef de ménage et avec l'affaiblissement de la matrilinéarité, il agit sur le fonctionnement de son unité domestique (ensemble hiérarchisé, soumis à des règles) en l'organisant. En conséquence, ses aptitudes et son dynamisme façonnent la physionomie de la zone tant au niveau technique que social. Il est ainsi responsable du désengagement des enfants du secteur agricole et entame un processus pour lequel il donne son plein accord.

L'évolution agricole de la zone doit être analysée dans un contexte précis prenant en compte la dimension humaine et permettant d'obtenir une meilleure compréhension de son développement. Les objectifs que se fixent les planteurs et les actions qui y afférent ne peuvent être compris sans prendre en compte l'environnement contextuel au sens large. La richesse de cet environnement explique les réponses élaborées et divers niveaux sont à considérer : caractéristiques locales de cette économie (localisation géographique), spécificité de l'ethnie, processus historique, contexte économique... il n'est pas question de faire

l'inventaire de tous ces facteurs mais certains d'entre eux apportent des éléments de réponse à l'évolution particulière de la zone.
D'autre part, l'instauration de ces stratégies est étroitement connectée aux dispositifs cognitifs propres à cette ethnie. Les unités domestiques sont des organisations constituées d'individus qui génèrent des "routines organisationnelles". En même temps, une décision stratégique de haut niveau est susceptible de modifier des routines organisationnelles de plus bas niveau. Dans le quotidien, ces comportements sont respectés, de façon inconsciente, par tous les individus de l'organisation. Ce sont des actions légales et intériorisées qui permettent aux organisations de réagir aux diverses modifications économiques, sociologiques ou écologiques de l'environnement. Pour se faire, elles sont susceptibles d'adopter une ou plusieurs solutions parmi une gamme d'options réalisables et déjà expérimentées.
Les routines de seconde catégorie relèvent d'un schéma plus élaboré, axé souvent sur un plus long terme, ressortant plus de la décision stratégique que de l'inconscient et nécessitant d'effectuer des choix entre plusieurs décisions déjà sondées mais de façon moins systématique. La résolution de ces routines sera plus délicate et fera appel à des actions spécifiques.
Ces routines sont acquises par un "apprentissage organisationnel" qui permet aux individus, qui en respectent les règles, d'obtenir une meilleure adéquation aux mutations de la société (dépassement et résolution des problèmes plus aisés...). Les diverses actions entreprises par l'organisation sont susceptibles d'évoluer en fonction "d'états du monde" et sont le reflet des adaptations de chaque organisation. En ce sens, les stratégies issues des décisions organisationnelles sont liées à leurs caractéristiques spécifiques.
Par exemple, la saturation foncière devrait conduire à l'émergence d'un système intensif, mais les moyens techniques de production nécessaires à celui-ci s'avèrent difficiles à réunir, à un moment où le travail familial diminue du fait de la scolarisation croissante, de l'exode rural des jeunes et où les manœuvres deviennent de plus en plus onéreux et se louent de moins en moins sur les exploitations.

Face à ces contraintes, des modifications du système de production pourraient remédier à une rentabilité médiocre des exploitations. Pourtant, les planteurs demeurent attachés à des pratiques culturales traditionnelles et s'opposent à l'introduction de techniques nouvelles. Nous assistons ainsi à la redéfinition de la valeur terre, celle-ci ne représente plus un capital à transmettre et revient aux enfants les moins favorisés ou en situation d'échec.
Il apparaît clairement que bon nombre de planteurs préfèrent jouer d'autres cartes que celles des cultures pérennes et envoyer leurs enfants loin de l'exploitation, ceci rend compte du peu de confiance de l'exploitant en son outil de travail. Les carences de ce système de production s'expliquent en partie par les stratégies familiales initiées par ces paysans. Pivot de la plantation, la main-d'œuvre est désormais orientée vers le monde urbain.

Ce n'est pas le modèle qui change mais les unités domestiques qui s'adaptent pour former de nouvelles institutions. Les unités domestiques sont des petits groupes, délibérément unis pour faire avancer leurs propres intérêts selon des principes précis. Ces principes sont basés sur la hiérarchie et l'autorité et ont un certain nombre de processus incitatifs et contraignants servant à entraîner les acteurs dans la voie décidée pour adhérer au système de valeurs de la société. Cependant, les ménages n'agissent pas individuellement, ils sont commandés par des préceptes (parenté, droits et obligations), qui sont des dispositifs cognitifs dévolus au cours du temps. Ces accords sont donc également l'aboutissement de stratégies collectives, qui peuvent se référer au groupe domestique, au lignage, à l'ethnie ou la société. Dans la mesure où ces accords (ou conventions) sont le fruit du cognitif, selon son passif historique, la société aura sa propre singularité. Cette constatation se vérifie dans les villages akyé en raison de leurs spécificités propres. Ils occupent une position particulière, au double plan de l'histoire et de la géographie. Le résultat actuel de la société est l'issue d'accords entre les divers acteurs concernés, tant au niveau individuel que collectif.

A cet égard, ce terroir Akyé présente plusieurs singularités qui ont modulé les réponses des acteurs concernés.

- Ethnie qui refuse toute intervention extérieure, notamment en ce qui concerne l'accès au foncier.
- Proximité d'Abidjan, d'où un échange intense et aisé entre les membres des deux communautés.
- Scolarisation ancienne qui a permis à de nombreux Akyés de parvenir à une situation sociale, engendrant ainsi de nouveaux modèles de réussite

TROISIEME PARTIE

LES STRATEGIES DES PLANTEURS

Les nœuds de blocage sont à l'évidence autant issus des planteurs et des composantes sociologiques de cette société, que des autres facteurs internes ou externes. Jusqu'à ce jour, la mutation du système productif s'est révélée difficile et l'étude des divers facteurs de production n'apporte qu'une image tronquée de cet ensemble complexe qu'est l'unité de production. *"La nouvelle sensibilité aux logiques non marchandes s'est développée avec de nouveaux outils formels."* (A. Orléans, 1994). et peut nous permettre de rendre compte de l'influence des groupes domestiques dans le choix des stratégies. En effet, le niveau d'observation qu'est l'unité domestique d'exploitation permet d'appréhender les mutations au cœur de l'organisation domestique et de la production.
Nous verrons que les dynamiques mises en œuvre par les acteurs économiques sont étroitement liées à l'environnement, au sens large, de l'organisation. *"Il est clair que si on admet l'existence d'une pluralité d'objectifs, on est conduit à admettre que ces buts ou objectifs ne sont pas universels et qu'ils seront contingents et propres à chaque organisation ou entreprise».* En résumé, on peut poser les nouvelles hypothèses suivantes :
1) Ce n'est pas un individu isolé qui prend des décisions.
2) Le critère de décision n'est pas l'optimisation mais l'obtention d'une solution satisfaisante ou acceptable.
3) Il n'y a pas un objectif, mais des objectifs quelque peu conflictuels.
4) L'entreprise a des relations avec l'environnement, ce qui lui donne des atouts et lui impose des contraintes supplémentaires, ces rapports ne sont pas figés.
5) Les organisations ont leurs propres normes (de contrôle, de choix, etc.) qui se modifient. (Brossier et al., 1990)

L'unité familiale directe est composée des enfants (68 %), des petits-enfants (12 %), des épouses (10 %) et du chef de ménage (9 %). Dans ce groupe domestique, le chef de ménage, l'épouse et une partie des enfants travaillent effectivement sur la plantation, le reste des enfants est scolarisé (29 %) souvent en vue d'un exode futur[68]. Sur les 2 449 individus qui relèvent de l'unité familiale, 61 % ont une activité à l'extérieur de la plantation, dont 38 % à Abidjan. La campagne pourvoie ainsi Abidjan en main-d'œuvre, puisque 39 % des enfants de planteurs résident dans la capitale économique. Le phénomène apparaît plus marqué pour les enfants en âge de travailler : 73 % ont une activité hors de l'exploitation et 45 % d'entre eux demeurent à Abidjan. La mobilité de la population, plus particulièrement de la frange jeune, modifie inévitablement la taille et la composition de la famille résidente ainsi que le rôle imparti à chacun. Les enfants quittent leur milieu d'origine pour travailler en ville ou pour continuer leur scolarité en vue d'obtenir un emploi urbain, ils opèrent ainsi un départ définitif. L'envoi de petits-enfants chez leurs grands-parents rééquilibre en partie ces flux migratoires. Cependant, ce phénomène ne compense pas le déficit en main-d'œuvre puisque les petits-enfants demeurent au village afin d'y être scolarisés à moindre coût.

Les visées des unités domestiques se réalisent essentiellement hors du milieu rural. Les flux d'individus entre les deux mondes ouvrent la société rurale sur l'extérieur, l'intègrent à la société urbaine et modifient par suite la hiérarchie villageoise. Une mutation dans la structure de la société rurale et agricole s'opère et son activité agricole devient annexe tant du point de vue de sa vie sociale que de sa vie économique. Elle perd de son autonomie par rapport à son fonctionnement propre, tout en se préservant, dans le sens où le milieu urbain est indissociable du milieu rural et que les relations inter sociétés demeurent très liées. Il en découle une modification des règles et des contrats au sein de l'organisation avec une délocalisation des pouvoirs de décision (hiérarchie, autorité...). Le maintien de la cohérence et du suivi du groupe se fait par la mise en place d'un nouveau système hiérarchisé qui intervient dans l'organisation et par l'instauration de nouvelles règles.

Engagée dans un processus de transformation à des niveaux divers, l'organisation doit se soumettre à un ensemble de règles. Elle est un

[68] 40 % d'entre eux ne vivent déjà plus au village.

"nœud de contrats", contrats qu'elle rediscute et module en fonction des situations auxquelles elle est confrontée.
Notre étude, qui date de 1986, va nous permettre d'appréhender les choix collectifs effectués par l'organisation et de mieux comprendre la situation actuelle et l'évolution de la zone au cours de la période.

CHAPITRE 1 : LE PROCESSUS DE DECISION DANS UNE ORGANISATION

LA DIMENSION COLLECTIVE

La famille, dans le sens défini précédemment, détermine les règles de maintien et de diffusion des connaissances, une partie de celles-ci prenant leurs sources au cœur de l'ethnie.

L'ethnie

L'ethnie représente une organisation de grande échelle détentrice de son propre capital cognitif qu'elle propage à la société Akyé[69].

Les Akyé, particulièrement attachés à leurs traditions, se refusent à toute intégration d'autres ethnies sur leurs terres. Cette forte protection ethnique se dessine aux premiers jours de la construction des deux villages, puisque le Révérend Père Méraud souligne cette spécificité dès la fin du XIXème siècle. Il relate qu'aucun étranger, y compris les habitants des villages limitrophes, n'était accepté et que l'attribution des terres faisait l'objet de luttes inter villages. Les deux terroirs étudiés restent hostiles à tout apport extérieur marquant ainsi leur peur de se faire "voler" de la terre. Cette xénophobie, liée à la forte densité de population qui prévaut depuis longtemps, s'ancre dans des racines culturelles profondes et corrobore ainsi les affirmations de O. Favereau (1989), selon lesquelles, le comportement d'un individu s'inscrit dans la logique de fonctionnement du groupe auquel il appartient (cognitif collectif).

Chaque village est largement <u>autonome</u>, voire "individualiste". Sans organisation centrale de l'ethnie, son fonctionnement politique se réduit à sa plus simple expression. Les villages étudiés, distants de

---

[69] 83 % de la population totale résidente de Memni et de Montézo est akyé (P. Vimard, 1988) et 99 % dans notre échantillon, composé des détenteurs du patrimoine foncier.

trois kilomètres, n'ont aucune liaison économique et politique. Cette animosité ressort très nettement lors des entretiens avec les planteurs, les membres de la chefferie ou les ressortissants des villages respectifs.
Les caractéristiques d'indépendance et d'autonomie politique au sein de chaque village akyés, qui persistent malgré un fort brassage des mentalités dû à la migration des populations jeunes vers la capitale économique, sont sources d'une grande faiblesse de l'ethnie. Elles sont notamment à l'origine de la défaite rapide des akyés de la sous-préfecture d'Adzopé lors de la conquête française, qui s'est vue facilitée par les nombreuses divisions au sein de chaque village.

La signification de l'histoire

L'apport de l'évangélisation est un élément clé des différenciations observées entre les deux terroirs.
Lors de l'installation de l'ethnie dans le sud-est ivoirien, les Lépins sont repoussés en pays M'batto et créent le village de Boubouhouin. A la suite d'une querelle entre villageois, la communauté se scinde pour donner naissance aux villages de Grand-Alépé et de Montézo. Les Akyé Lépins occupent donc désormais le centre de la sous-préfecture d'Alépé et ont essaimé à partir de Montézo pour constituer l'ensemble des gros villages de Memni, Grand Alépé, Alépé, Monga.
Montézo fait partie des premiers gros bourgs et signifie en Akyé "sous les parasoliers", emplacement physique de l'installation des premiers habitants du village. Memni créé après Montézo, doit son origine à une dispute au sein de ce village, à la suite d'un meurtre. Les faits sont les suivants : un "ancien"[70] est accusé d'avoir donné l'ordre d'effectuer un meurtre. L'affaire, jugée par le tribunal du village, impose une amende à cet homme afin qu'il se fasse pardonner de cet acte par le reste de la population. Ce dernier persiste à nier les faits, il se fâche et va s'installer dans la forêt, où

[70] "Ancien" correspond à un individu d'un âge avancé à qui l'on doit le respect.

il monte un campement avec sa fille et une partie de sa famille. Progressivement certains membres du village le rejoindront. Devant cet entêtement, qui illustre son innocence, le reste du village demande "pardon à l'ancien" pour qu'il revienne mais ce dernier refuse. Aussi dit-on que "Memni" ou en français "sa tête est perdue", c'est à dire qu'il est fou de rester au milieu des animaux car il ne pourra pas survivre. Sur cet autre lieu, où chacun défriche sa partie de terre, une nouvelle organisation de village akyé se forme. Depuis cette séparation, qui remonte aux origines de l'implantation des akyés en Côte-d'Ivoire, Memni et Montézo entretiennent de mauvaises relations. Les deux villages fonctionnent dans une ignorance mutuelle, que ce soit au niveau de l'individu, du chef ou de l'ensemble de la population.

Cette ethnie autonome sera "pacifiée" et évangélisée dès le début de la colonisation. Les missionnaires catholiques s'y implanteront très tôt, dès 1896 avec les Pères Blancs à Memni.
Les missionnaires créent une école et un dispensaire. Ils scolarisent les enfants et tiennent un registre d'état civil. Ensuite, ils aideront les scolarisés à obtenir des emplois hors du village, ce qui amorce la nouvelle stratégie villageoise. Actuellement, les deux villages possèdent deux écoles : catholique et publique. Cependant, l'école privée dispose de moyens supérieurs et jouit d'une reconnaissance sociale importante car elle demeure régie par le prêtre européen de l'église de Memni.
Le dispensaire créé par les premiers missionnaires existe toujours. Il est tenu par des religieuses et bénéficie d'une bonne aura auprès de la population de la sous-préfecture et du département d'Abidjan. Les moyens financiers et sanitaires, mis à sa disposition, sont importants du fait de l'aide octroyée aux religieuses dans le cadre de l'action humanitaire. Le village de Montézo venait seulement de se doter d'un tel équipement mais n'avait pu obtenir les moyens de le faire fonctionner, ce qui se répercutait dans la qualité des soins. Ainsi, malgré le litige entre les villages, les individus de Montézo,

surtout les femmes enceintes, se faisaient soigner au dispensaire de Memni.
Outre l'école et le dispensaire, Memni abrite une église tenue par un prêtre italien. Ce village plus proche de la religion catholique conserve un fond d'animisme. La petite anecdote qui suit illustre bien l'ambiguïté de la situation. Sous la pression villageoise, le chef du village en accord avec les ressortissants avait fait venir un féticheur du Sud-Ouest du pays pour lever le mauvais sort jeté sur le village. Auquel avait été attribué notamment, l'accident du car de l'équipe de football à la sortie du village qui avait fait de nombreuses victimes. Ce féticheur, reconnu au niveau national, avait demandé que tous les fétiches soient jetés et brûlés à la fin de la procession. De nombreux objets de croyance animiste ont ainsi été détruits. Cependant, parmi ceux-ci il se trouvaientt des bibles, des crucifix et autres objets du culte catholique. Le prêtre du village, afin de réagir à ce rejet de la religion catholique, a fermé l'église plus d'un mois en signe de protestation.

Il ressort de ce bref historique, que l'impact des missions chrétiennes va avoir un effet considérable sur le développement de Memni. La scolarisation précoce explique la situation actuelle d'une partie des ressortissants qui occupe des postes à responsabilité[71]. Leur position sociale n'est pas le fait de leur pouvoir économique mais de leur niveau d'instruction. Les retombées de l'engagement de Memni dans l'évangélisation sont mesurables lorsque l'on compare les deux villages. Montézo, dont l'appartenance au culte catholique est plus tardive qu'à Memni, a connu un développement restreint. Ce retard s'est traduit dès les débuts de l'évangélisation au niveau des diverses infrastructures scolaires et sociales. Il se ressent dans la faible activité de la population de ressortissants, moins intégrée à la sphère de décision. La partie la plus visible, pour un individu de

[71] Mentionnons que le village de Memni comptait le ministre de la fonction publique, le directeur de la sûreté, le directeur de la Caisse de Stabilisation, le secrétaire général de l'informatique et bien d'autres parmi ces ressortissants. Le village de Montézo, ne peut se prévaloir d'aucun ressortissant aussi haut placé.

passage, est l'état du réseau routier. Montézo abrite des pistes à peine carrossables notamment en saison des pluies. Alors que Memni dispose d'une route goudronnée, les pistes menant aux plantations du sud et celles de l'intérieure du village sont damées régulièrement par les services de l'équipement.
Ces populations ont intégré des normes «européennes» tout en restant attachées à leur passé anémiste. Il n'y a pas de rejet mais assimilation des deux cultures.

L'HISTOIRE ET LES ROUTINES

Abidjan - pôle d'attraction

Abidjan abrite les principales industries, le plus grand port, les sièges des banques, des assurances, des établissements commerciaux d'envergure nationale ou internationale, l'essentiel des ministères. Depuis 1983, Yamoussoukro est devenu la capitale politique de la Côte-d'Ivoire, mais Abidjan en demeure la capitale économique et incarne un modèle de réussite sociale et de vie facile pour une grande partie de la population ivoirienne.
La proximité de la capitale économique catalyse l'exode rural des deux villages. Comme toutes les grandes agglomérations industrielles et administratives, Abidjan concentre ceux qui quittent la terre dans l'espoir d'obtenir des conditions de vie plus faciles, ainsi que les élèves (59 % des scolarisés des villages de l'étude après le CM2). Elle séduit particulièrement la population de la sous-préfecture d'Alépé, toute proche, et s'inscrit ainsi comme un régulateur de la mobilité sociale de cette région[72]. Les villages de l'étude se situent à une soixantaine de kilomètres de cette métropole. Les liaisons de taxis brousse et de cars sont fréquentes, notamment sur l'axe Abidjan-Alépé. Elles sont facilitées par la bonne infrastructure routière, route goudronnée jusqu'à Alépé et Memni.

---

[72] 60 % des migrants des villages se dirigent vers Abidjan (A. Adou, 1987).

Ainsi, les ruraux se déplacent rapidement et fréquemment vers la métropole.
L'idéalisation de la grande ville découle des périodes de forte croissance d'Abidjan, quand les jeunes scolarisés trouvaient aisément un emploi qui répondait à leurs aspirations dans la sphère urbaine. Le modèle perdure, entretenu par l'image que véhiculent les migrants qui ont réussi, mais la crise rend la réalité tout autre.
Ces relations d'échanges, induites par la proximité géographique et le contexte économique, se sont établies en période de "vaches grasses" et ont su tresser un réseau relationnel qui désigne naturellement Abidjan comme point de destination. Le choix de ce lieu de migration se justifie par la possibilité d'y trouver un emploi hors du milieu rural, mais aussi par l'insertion plus aisée dans cette ville en raison de l'ancienneté des déplacements y convergeant. La famille qui réside en ville assure l'accueil des migrants, 58 % d'entre eux déclarent connaître des personnes sur leurs lieux de migration. (A. Addou, 1986).
Bien que des besoins croissants en numéraire transparaissent plus spécifiquement dans les villes, l'attraction qu'exerce la métropole ne se circonscrit pas à une simple formalisation monétaire ou à l'espérance d'obtenir des emplois faciles et rémunérateurs. Le milieu urbain représente aussi un espace de matérialisation de nombreux espoirs hors de la rigidité du monde villageois. Cet aspect trouve un écho favorable tout particulièrement chez les jeunes.

La perception de la ville par les ruraux comme un lieu de vie facile revient souvent dans les discussions. Témoin ce passage du discours du ministre de la fonction publique[73], lors d'une réunion pour les jeunes de Memni. *"Aujourd'hui, aussi bien par rapport à ce que vous voyez, chaque fois que vous vous déplacez dans le village ou à Abidjan, en regardant la télévision, vous avez beaucoup d'exemples de gens qui ont réussi. Vous voyez de belles choses et à juste titre, vous êtes tentés de voir et de faire et d'avoir*

[73] Discours disponible C. Faussey-Domalain, 1996.

ces belles choses... La première chose que je voudrais vous dire, c'est que rien dans ce monde ne s'obtient sans travail." Pour les enfants[74], les métiers intellectuels, indissociables de la vie urbaine, s'exercent à Abidjan (48 %) ou dans une autre ville (17 %). Les cadres ressortissants du village, modèles de référence des villageois et de leurs enfants, témoignent de cette réussite. L'importance de leurs actions dans les villages, notamment pour les quelques cadres qui occupent des postes à responsabilités, amplifie cette idéalisation. *"Aujourd'hui, on a trop facilement tendance à ne voir que ceux qui ont été à l'école et qui occupent des responsabilités dans les bureaux à Abidjan."* (B. Delpeuch, 1983).
Ainsi, les enfants enquêtés inclinent pour des professions «urbaines» jugées modernes et rémunératrices. 53 % des élèves de CM2 désirent s'orienter vers le secteur tertiaire : emplois de bureau, enseignement, secteur médical ou paramédical... Le désir de réussite sociale future motive le choix de certaines professions. A l'âge des enfants enquêtés, les ambitions professionnelles reproduisent d'abord l'état d'esprit de leur entourage direct ou indirect, notamment des médias. Ainsi, à Memni, l'existence d'un dispensaire, efficace et reconnu, fait naître des vocations pour les métiers médicaux ou paramédicaux. De même, les professions cléricales sont-elles choisies dans les écoles catholiques (notons à ce sujet que les enfants de planteurs sont principalement scolarisés dans le secteur public, quand ceux de fonctionnaires sont à 65 % dans le secteur privé ou catholique et ceux de professions privées à 83 %). Ceci apparaît essentiellement dans le village de Memni vu l'influence de l'église.

L'analyse de la situation professionnelle des frères et sœurs de ces élèves fait ressortir pour les actifs, un taux de chômage de 25 %. Seuls 11 % sont employés dans le secteur tertiaire. Ce fort taux de chômage ne se répercute pas, à la date de l'enquête, dans

[74] Source : Enquête école 1988.

les choix professionnels des élèves, ni dans les objectifs poursuivis par les planteurs.

La scolarisation : un processus historique

Dès la colonisation

Le processus de scolarisation englobe la population ivoirienne dans ses couches les plus jeunes. Tout d'abord rejeté par les autochtones, pour qui l'enfant s'assimile à une main-d'œuvre qui ne peut être détournée de l'espace de travail, il ne devra son succès qu'à la réussite des premiers scolarisés.
Lors de l'installation des missionnaires, la première réaction des chefs de famille fut de dissimuler leur progéniture, qu'ils considéraient comme plus productive dans les champs que sur les bancs de l'école. Le prêtre allait chercher les enfants dans les cases pour les éduquer et les évangéliser. Selon un schéma classique, les premiers scolarisés seront des enfants d'esclaves, rachetés par les prêtres aux planteurs ou fournis en remplacement de leurs descendants.
La scolarisation précoce dans le village de Memni et le réseau de relations du père Planques permet aux scolarisés de bénéficier de postes importants. Ainsi, les responsables du chemin de fer de la RAN (Réseau Abidjan Niger) recruteront du personnel aussi bien au niveau technique, qu'administratif, préférentiellement dans ce village. Au fil des ans, les employés de cet organisme, assurés d'une promotion et de revenus réguliers, vont gagner l'envie et le respect des villageois. Ce n'est que plus tardivement, que les planteurs se sentiront concernés, lorsque les premiers scolarisés reviendront au village. Ces derniers étalent leur aisance financière (cadeaux, fêtes, costumes...) et matérialisent les bienfaits de l'éducation. Le plus fréquemment salariés, ils détiennent un pouvoir d'achat supérieur à celui des résidents villageois. Aussi, en 1972, quand le "plus vieux" chef de gare prend sa retraite à Memni, les notables l'élisent chef du village en raison de son pouvoir et de sa sagesse. Le choix d'un

ancien ressortissant pour diriger la chefferie donne toute l'ampleur du phénomène de la scolarisation et explique l'amorce des choix opérés dans le village de Memni... Un ancien haut fonctionnaire du service des impôts assurera la succession de ce chef.

A l'indépendance, le jeune gouvernement opte pour une scolarisation massive de la population, mais ces mesures ne concernent pas les planteurs de notre échantillon. Agés en majorité de plus de 35 ans, ces planteurs, en âge scolaire lors de la période coloniale, n'ont pu recevoir une éducation satisfaisante, du fait de la difficulté d'accès aux études à cette époque. Avant l'indépendance et même dans les premières années de celle-ci, la seule voie offerte transitait par l'école de la mission catholique, dont seule une fraction réduite de la population a pu bénéficier. Ces élèves occupent actuellement des emplois de premier plan dans la capitale économique et le poids, tant économique que social, de ces expatriés est loin d'être négligeable.

De cette contrainte majeure découle un fort taux d'analphabétisme : 69 % de la population étudiée. Seuls 19 % des planteurs ont pu atteindre le niveau du Cours Moyen 2ème année et ce, essentiellement parmi les classes d'âge les plus jeunes.

Depuis l'indépendance

Le taux de scolarisation[75], de 3 % au début des années 60 atteindra 65 % dans le primaire en 1985-86. Dans un même temps, le pourcentage d'alphabétisés de plus de 15 ans passera de 5 % en 1962, à 43 % en 1985. De même, un effort important est accordé à l'enseignement secondaire du premier cycle. Il passe de 11,6 % en 1975 à 14,7 % dix ans plus tard. Cependant en 1985-86, l'essentiel des effectifs scolaires de la Côte-d'Ivoire se concentre dans le secteur primaire (79,6%).

---

[75] Rapport de la population scolarisée dans le primaire, à la population scolarisable d'âge compris entre 6 et 14 ans. Statistiques du Ministère de l'éducation Nationale : Enseignement et Formation en Côte-d'Ivoire.

L'extension des infrastructures scolaires, financée grâce aux bénéfices procurés par les cultures de rente, permet la couverture des besoins d'une bonne partie de la population. Néanmoins, malgré les efforts villageois en faveur de la construction d'écoles et les investissements en matière d'éducation dont ont bénéficié les jeunes générations, les lycées, qui absorbent les plus gros moyens matériels et humains, restent en deçà des besoins réels avec une capacité d'accueil inférieure en croissance à celle de l'effectif scolaire. Si la majorité des enfants en âge scolaire est admise au Cours Préparatoire, très peu parviennent à franchir le cap de l'enseignement primaire pour des motifs matériels ou simplement géographiques.

Cette carence du domaine public profite avant tout au secteur privé, dont les établissements prolifèrent dans tout le pays. Entre 1975 et 1985, l'enseignement privé multiplie par quatre sa part dans les classes de seconde et rassemble un tiers de l'effectif. Le développement des structures privées touche les enfants rejetés par le système d'éducation public et leur permet de s'intégrer au processus éducatif malgré les frais élevés qu'il engendre pour les parents. L'engouement pour l'enseignement libre reflète la valeur accordée à la scolarisation indépendamment des résultats souvent médiocres des écoliers.

CHAPITRE 2 : CARACTERISTIQUES DES STRATEGIES

«L'apprentissage collectif n'est pas concevable sans apprentissages individuels, bien qu'il n'en soit évidement pas la simple sommation. Or, le passage de l'apprentissage individuel à l'apprentissage collectif reste délicat. Ce que les individus ont appris ou inventé doit, en définitive, s'inscrire dans la mémoire de l'organisation.» (Brossier J. et al., 1990)

DES STRATEGIES NOVATRICES

Les comportements économiques des planteurs villageois répondent à une logique du groupe, qui, issue d'un apprentissage individuel et collectif multiple, interfère sur l'organisation de la production et de la reproduction sociale. Les unités tentent notamment de limiter les risques de production et de variation de revenu afin d'assurer la reproduction du groupe domestique et appliquent dans ce sens diverses stratégies. Sur une longue période, les objectifs reflètent les intérêts des composantes dominantes et révèlent les diverses composantes de l'organisation. En effet, les phénomènes collectifs, issues de la rationalité des agents, permettent aux groupes de procéder à un apprentissage qui donnera les nouvelles routines.

Les unités familiales villageoises conservent leurs propres caractéristiques, essentiellement issues de l'histoire de la société, qui modifient l'évolution de l'économie locale et nationale. Dans le cadre de l'économie de plantation les changements proviennent essentiellement du milieu ethnique ou social et se répandent par relation de voisinage. De ceci découle que l'apprentissage, nécessaire à la diffusion de l'innovation, s'opère grâce aux relations non marchandes, notamment par celles de réciprocité, et sont donc connues par tous. Les décisions d'innovation prises par les unités domestiques sont issues du cognitif collectif avec un processus d'apprentissage qui s'effectue au sein de la société. Une alternative de solutions possibles et déjà expérimentées proviendra des routines

antérieures. En outre, des processus d'innovation peuvent être introduits par des éléments extérieurs, dans l'hypothèse ou l'ethnie accepte les apports exogènes, ce qui a été le cas pour certaines expérimentations mais de façon ponctuelle.
Dans notre cadre d'étude, les stratégies novatrices ne passent pas par une évolution technique de la production mais par une réorientation de la main d'œuvre. Aucune innovation n'apparaît dans la production tant dans la sélection des plants que dans les rendements. La société concernée se désengage de son orientation de départ au profit d'une stratégie qu'elle estime moins risquée et qui oriente la main d'œuvre dans un autre secteur de l'économie. Les notables ont joué la carte de la scolarisation, non celle de l'intensification et les planteurs villageois ont adopté ce modèle. Le scolarisé sert de pont entre la société urbaine et la société paysanne. Lui seul connaît les méandres de la ville et sait utiliser les divers leviers à sa disposition.

L'autorité que détient le chef d'exploitation sur son unité domestique, lui permet de définir les différentes formes de cohésion qu'il met en place au sein de son unité de production. Il organise l'activité des individus et opte pour le type d'opération à entreprendre en vue d'atteindre son objectif. Centralisant l'autorité, il détient un pouvoir direct sur les décisions stratégiques et coordonne les activités des membres dans la direction souhaitée. Il peut choisir de les orienter sur un travail de nature agricole au sein de l'exploitation ou de les diriger vers un autre secteur d'activité, nécessitant l'aval du lignage. En effet, « *les buts poursuivis par les individus peuvent être d'une nature non économique, et ne s'identifier que partiellement avec l'intérêt personnel : statut social, pouvoir ou réputation. D'autre part, les liens sociaux y prennent des formes fort éloignées de celle du contrat marchand.* » (A. Orléan, 1994). Dans ce sens, les planteurs abandonnent l'idée de développer leur exploitation, que la raison soit financière ou sociale et dirigent leurs enfants vers l'école et le monde urbain. La scolarisation est une routine organisationnelle, dans la mesure où elle est intériorisée par les membres et correspond à une option automatique. Ces règles résultent des "dispositifs cognitifs collectifs" qui permettent un apprentissage organisationnel. Le phénomène de migration/scolarisation est essentiellement issu du passé de la société et de l'ethnie, ce qui explique l'aspect "irrévocable" du processus et l'échec de toutes les politiques de retour à la terre. La routine organisationnelle de migration s'est vue amplifiée par l'action de l'Etat. Cette stratégie, menée le plus loin possible, est un des budgets prioritaires de l'exploitant car il représente un investissement sur l'avenir.

LA MIGRATION : UN CHOIX DU GROUPE

La migration, partie intégrante de la stratégie de scolarisation, permet l'intégration de la société rurale à la société urbaine et engendre un processus d'émigration et d'exode. Ce choix correspond à une adaptation du groupe domestique aux nouvelles offres de la société (urbanisation, monétarisation, nouvelle importance du secteur tertiaire...). Au cours du temps, le groupe domestique effectue un apprentissage organisationnel qui modifie les routines organisationnelles et donne la migration comme perspective du groupe domestique pour assurer l'avenir.

"On émigre hors d'un milieu de résidence, rarement hors d'une famille. Dans les sociétés africaines, le destin d'un individu dépend beaucoup plus des décisions de sa famille que des ses aspirations propres. La migration n'échappe pas à cette règle. Un départ est en général décidé par un groupe familial en fonction de stratégies précises, rarement par un individu en rupture de ban avec le sien." (Th. Locoh, 1988). Les individus qui délaissent la plantation pour travailler dans la métropole, le font avec l'assentiment du chef de ménage et conservent des contacts étroits avec celui-ci.

La migration masculine se réfère essentiellement à l'éducation ou à l'obtention d'un emploi urbain. Par contre, l'intégration des jeunes paysannes au monde citadin s'effectue fréquemment à la demande de leur famille citadine[76]. Les femmes ne migrent pas volontairement pour obtenir un travail en ville, elles suivent un processus urbain prédéfini par le village : soit pour venir en aide à la famille, soit pour rejoindre leur époux. L'indépendance naissante de la femme ne la mène pas vers une migration massive pour trouver du travail en ville, 46 % des filles de planteurs migrent pour rejoindre leurs époux et 20 % pour étudier.

Quel que soit le motif de la migration, le migrant conserve des liens très étroits avec son milieu familial villageois, par le biais de sa famille d'accueil qui appartient fréquemment au réseau parental (Cf. Tableau 09).

TABLEAU 9 : Répartition de la famille d'accueil.

	Parent	Oncle cousin	Grands-parents	Belle famille.	Frère	Seul	Total
Homme	02	15	01	06	08	68	100
Femme	01	19	01	56	10	13	100
Total	100	100	100	100	100	100	

SOURCE : Enquête planteur juin 1986.

Ces réseaux de solidarité par le biais des relations parentales permettent au jeune migrant une insertion dans un monde qui lui est étranger. Ainsi, le système de droit et obligation, que l'on peut assimiler à des règles, prévaut entre le nouvel arrivant et le citadin installé et détermine toute nouvelle migration. La solidarité prend source au village et dans l'ethnie ; la quasi-certitude de recevoir une aide matérielle d'émigrés, parents ou membres du même village, constitue en soi un facteur important incitatif d'exode vers la ville, qui contribue à assurer aux migrants un climat de sécurité face à l'avenir et à leur insertion.

[76] Les femmes représentent 55 % de l'effectif des migrants.

LA SCOLARISATION : UN INVESTISSEMENT SUR L'AVENIR

Peu élevés dans les débuts de l'économie de plantation et dans sa période d'euphorie, les frais engendrés par la scolarité entamaient peu le budget des planteurs. Ils prennent désormais des proportions conséquentes et rendent le planteur dépendant de ses cultures arbustives. L'école retire de l'exploitation une main-d'œuvre potentielle. Dans le même temps, l'investissement monétaire dans le système éducatif le prive du recours aux manœuvres. Ce dilemme trouve sa solution dans les choix qu'opère le chef de famille et dans les objectifs qu'il se fixe.

Les planteurs jouent la carte scolaire comme une approche de la société urbaine. A la différence d'autres lieux, les akyés de Memni et Montézo, s'y engagent totalement et montrent des taux de scolarisés très supérieurs aux autres régions. Les planteurs perçoivent l'éducation comme une solution à tous leurs problèmes d'avenirs. *"J'ai scolarisé tous mes enfants. Il ne faudrait pas qu'ils deviennent comme moi, parce que la vie est dure et très difficile à vivre maintenant. Il faut donc que je prépare leur avenir".* D'autres planteurs expriment plus clairement que la scolarisation de leurs enfants leur permettra de s'assurer une retraite. *« S'ils atteignent un bon niveau intellectuel, ils pourront travailler dans l'administration et occuper des postes importants et à l'avenir s'occuper de moi* ». Ce planteur tente d'augmenter ses ressources pour assurer la scolarisation de ses enfants. Dans ce schéma, les cadets auront le plus de chances d'accéder à un bon niveau d'étude, au moment où l'exploitation donne son plein rendement.

Le travail de la terre, de faible rapport, devient dévalorisant. *"Je voudrais que mes enfants réussissent à l'école car il n'y a plus de terres".* Les professions intellectuelles permettent de nourrir la famille et sont rémunératrices. De ce fait elles appartiennent à la catégorie "des métiers d'hommes", d'autant et surtout qu'elles permettent aux enfants d'entretenir leurs parents. *"Je veux bien qu'ils réussissent dans leur vie, voilà pourquoi je dépense tout ce que je gagne pour eux pour qu'ils deviennent plus tard des hommes, des intellectuels pour ne pas me déranger encore pour ce qu'ils voudront comme argent, nourriture et vêtements. Mais dans ma vieillesse, s'ils pensent à moi et qu'ils m'envoient de quoi survivre, je crois que je ne le refuserais pas*". Envisagée comme un investissement, beaucoup d'exploitants attendent des retombées de la carrière de leurs enfants. Tous les efforts vont désormais tendre vers cette voie : assurer leur avenir et celui de leurs enfants en les intégrant au monde scolaire. Cet horizon justifiera à leurs yeux l'importance de la masse monétaire octroyée à l'éducation même si cela le soumet à des efforts financiers particulièrement lourds. La réussite scolaire des enfants sera un enjeu majeur pour les adultes qui, dans la limite de leurs possibilités financières, vont s'imposer nombre de "sacrifices" afin de la mener à bien. Cette démarche repose sur deux options de base. D'une part, le système scolaire est à même de fournir des armes à leurs enfants pour qu'ils s'adaptent à un marché du travail évolutif. D'autre part, seul le milieu urbain peut leur offrir des débouchés intéressants. La scolarisation des enfants ne prend son sens que dans l'optique d'un départ futur pour la cité toute proche, corollaire sous-entendu, le monde paysan n'a que faire de l'utilisation d'un tel savoir. Ce type de raisonnement se rencontre dans nombre de régions d'Afrique et de Côte-d'Ivoire. Par exemple, « *Les autochtones des régions Centre Ouest et Sud-Ouest se sont plutôt caractérisés par des stratégies de sortie de l'agriculture de plantation (notamment stratégies de scolarisation), utilisant plus leurs droits sur le foncier pour vendre des portions de forêts que pour les mettre personnellement en valeur.* » (C. De Fina, 1995).

La famille ne contrôle que partiellement le circuit scolaire dans la mesure où il diffère de l'acquisition du savoir-faire sur la plantation. Cependant, elle sait que cette voie servira avant tout au développement de la famille ou à sa survie dans certains cas. En conséquence tout est mis en jeu tant au sein de la famille et des réseaux sociaux pour faciliter la réussite de l'enfant. L'obtention d'un emploi contribue à assister les frères et sœurs restés au village soit en leur obtenant un emploi au sein de l'entreprise ou en finançant la poursuite de leurs études, afin qu'ils acquièrent un emploi mieux rémunéré. Toute l'aide de la famille et du lignage n'a de sens que si elle procure des sources de rémunération qui seront re-transférables au village.

Les stratégies doivent permettre l'amélioration du niveau de vie du ménage (stratégie offensive) ou en le préservant (stratégie dite défensive) (J.M. Yung-J Zaslavsky, 1992), nous sommes dans le deuxième cas de figure. Les acteurs favorisent la sécurité. Pour ce faire, ils se fixent des objectifs, hiérarchisés selon le cognitif et se donnent les moyens d'y arriver en opérant des choix au sein de diverses catégories d'actions.

La prospérité des localités et des familles rurales dépend du nombre d'enfants migrants, de leur degré de réussite et non de la productivité des plantations. Les ressortissants recréent leur structure villageoise en ville avec un système de valeurs qui concordent souvent à une conception de cohésion sociale et de solidarité. Ce "régime" s'identifie selon l'appartenance des membres à une organisation qui peut être le groupe domestique (ménage), la communauté ou l'ethnie.

La communauté villageoise par le biais d'un apprentissage organisationnel a su s'intégrer au milieu urbain et recréer son identité en ville. Les migrants natifs d'un même village forment des associations de solidarité (économique et morale) envers le village. Ils témoignent d'une confiance partagée, liée à leur appartenance au même milieu d'origine. Aussi, ils s'échangent des informations, partagent leurs compétences ce qui favorise l'apprentissage organisationnel individuel et collectif. Les associations de ressortissants villageois appliquent les règles du lignage, avec son système de contrôle, le tout en interrelation avec le village. *"Ainsi, la règle de solidarité communautaire contribue à définir les "routines organisationnelles" propres à l'entreprise, de façon variable selon l'équilibrage de règles qui s'instaure."* (D. Requier-Desjardins, 1990).

La stratégie actuelle des planteurs peut se résumer selon le schéma suivant :

Objectif : donner un emploi rémunérateur aux enfants hors du milieu rural afin de s'assurer un avenir financier.

Moyens : accroître le travail de l'épouse.
Scolariser et urbaniser les enfants.
Minimisation du risque agricole. Sachant que «*La minimisation du risque... est une stratégie mise en œuvre par le producteur agricole pour atteindre ses buts, en fonction de sa situation et des contraintes de son environnement.* » B. Losch, 1994.

"Dans une entreprise et donc dans une exploitation agricole, il n'existe pas une seule personne prenant les décisions, mais une structure complexe. Les décisions dépendent des rapports de forces entre les différents individus et sont bien le produit de ces confrontations." (Brossier J. et Al., 1990)

CHAPITRE 3 : L'OPTIQUE DYNAMIQUE

L'EVOLUTION DES REGLES ET DES CONTRATS AU SEIN DE LA SOCIETE AGRICOLE.

Devant l'évolution des diverses contraintes et du contexte environnemental, nous assistons à une adaptation des structures collectives, par l'évolution des règles traditionnelles (accès au foncier, travail des membres de l'unité domestique) et par la mise en place de nouvelles formes d'échange. Comme la cohérence du fonctionnement des organisations est issue de l'image que les individus se font de leur société, ils se créent des "principes de justification" et se donnent les moyens d'atteindre les objectifs fixés selon le contexte environnemental. De cette façon, ils peuvent agir sur lui et par rapport à lui.
C'est le contenu de l'environnement social qui va gouverner la détermination des règles. En tant que dispositif cognitif collectif, elles ont un rôle direct sur les conditions d'application des stratégies. Les individus du groupe domestique s'organisent pour atteindre leurs objectifs, apportant ainsi au groupe une meilleure portée tant au niveau de sa stratégie productive que non productive. *"Ils peuvent faire face à des nouveaux états du monde, explorer de nouvelles solutions, déterminant ainsi une trajectoire évolutionniste de modification des règles."* (D. Requier-Desjardins, 1994). Elles servent de garde fous et offrent aux individus un cadre dans lequel ils peuvent s'exprimer.

Les nouvelles règles du jeu dans l'accès à la terre

Le milieu social contient des éléments déterminants pour expliquer la transformation des règles foncières. La spécificité de l'ethnie, le degré de pénétration des allogènes, la puissance de l'administration sont autant d'éléments intervenant dans la compréhension des mécanismes fonciers. Aussi, les individus doivent-ils s'adapter aux modifications de l'espace agricole (évolution de l'agriculture elle-même et modifications au sein de la société qui exploite la terre) et prendre en compte les nouvelles conditions contextuelles.

Le mode d'appropriation de la terre se décline suivant diverses options : Coutumes autochtones (la terre appartient à celui qui la cultive), intervention étatique qui restreint l'accès aux ressources, pour aboutir à des règles de "clientélisme" qui répondent à une logique arbitrant entre la tradition et la loi.

Avant l'essor des cultures arbustives d'exportation, la terre relevait du patrimoine collectif, tout individu originaire du village détenait un droit d'usage ou droit naturel. Actuellement, seul l'Etat détient légalement les biens fonciers non attribués. Cette nouvelle donne ne transforme pas fondamentalement le mode d'appropriation foncière des résidants villageois. L'héritage prédomine (Cf. Fig. 12) et le capital foncier se transmet toujours de génération en génération.

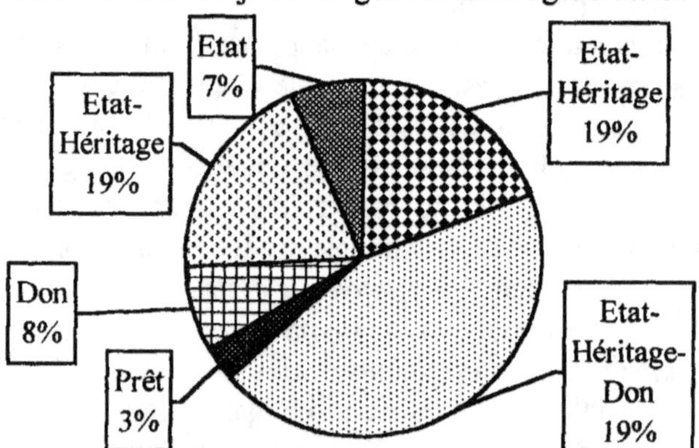

Figure 12 : Mode d'acquisition de la terre

SOURCE : Enquête planteur juin 1986

Vers un héritage patrilinéaire

Les Akyé sont matrilinéaires mais avec patrilocalité. L'enfant vit et travaille avec son père tout en restant rattaché à sa famille maternelle. Lors du décès du père, seules les terres cultivées en

"vivrier" sont octroyées à la veuve et aux orphelins pour assurer leur subsistance. L'héritage profitera au fils aîné de l'aînée des sœurs (neveu utérin, 54% de l'échantillon).
Ce mode de transmission illustre l'attachement aux coutumes akyé. Ainsi, ce planteur, appartenant à la génération au pouvoir lors de notre passage, insiste sur l'attachement à ces usages. «*Ce sont nos vieux parents qui nous ont enseigné cette coutume et nous aussi, nous l'avons adoptée. Maintenant les "blancs" disent que c'est l'enfant qui doit hériter de son père. Vous croyez que ce qu'ils disent est normal, ce qu'ils disent n'est pas tout à fait juste... Si j'ai des enfants et qu'ils ne sont pas de la même génération, dans le même ordre de famille que moi, ils ne peuvent en aucun cas m'hériter... Si mes fils un jour arrivent à m'hériter c'est la catastrophe. Ils vont trimbaler toutes mes richesses dans leur famille et la mienne n'aura rien. Si jamais ils deviennent riches, ils oublieront que cette richesse est venue de ma famille, si mal les prend, ils pourront un jour insulter ma famille et c'est les palabres. Vous trouvez ça normal ? ... effectivement ce n'est pas intéressant de voir ses propres enfants et sa femme souffrir après la mort, peut-être qu'on arrivera à changer cela un jour mais il est normal que l'enfant ait sa part, la femme également mais aussi le neveu. C'est le seul du même groupe de famille que toi.*»
On discerne un antagonisme dans la combinaison des règles de résidence et de filiation, puisque celui qui participe à l'exploitation de la terre n'est pas celui qui doit en hériter. Un fils ayant travaillé avec son père et participé à la création de l'exploitation se verra normalement dessaisi de celle-ci au décès de ce dernier, au profit du frère de sa mère ou d'un neveu utérin. Cette contradiction, inhérente au système, reste latente tant qu'il s'agit de cultures vivrières. Elle s'exacerbe avec l'hégémonie des plantations pérennes, car la terre acquiert alors une valeur économique : la perception du patrimoine foncier s'en trouve fondamentalement modifiée et les conflits apparaissent. Pour contourner les règles de ce système d'héritage et permettre au fils de créer son propre patrimoine, le père lui cède souvent des terres de son vivant. Ces parcelles sont mises en

exploitation par le fils lui-même, afin d'éviter toute contestation au moment du partage.
Les litiges internes aux familles lors des successions ont multiplié les procès et conduit à la mise en application d'un code civil en 1964. Ce code régit les relations des personnes à propos de l'accès et de l'usage de la terre au sein des collectifs lignagers et villageois. Le système patrilinéaire de descendance en est la clé de voûte. Ce code abolit le régime collectif individuel pour donner naissance à la propriété privée individuelle et faire des fils les seuls héritiers. La mise en pratique de ces nouvelles lois va transformer les transferts par héritage. L'ancien mode de transmission de l'héritage par voie maternelle coexiste avec le droit civil en pays Akyé, mais tend à s'inverser au profit de la filiation paternelle. Les planteurs âgés de 20 à 39 ans héritent désormais en majorité du côté paternel des terres défrichées du vivant du père (Cf. Tableau 10). Par contre, les terres héritées et les biens familiaux demeurent toujours transmis par filiation matrilinéaire (d. Paulme, 1971 ; C. Faussey, 1987).

TABLEAU 10 : Type d'héritage selon l'âge des planteurs.

	Type d'héritage			
Age	Côté maternel	Côté paternel	Mixte	Total
20-39	31	63	06	100
40-59	42	37	21	100
> 60	62	18	20	100

SOURCE : Enquête planteur juin 1986.

Un nouvel intervenant : l'Etat

L'Etat représente une organisation de plein droit pour l'attribution des terres. Il constitue une alternative dans le mode de transmission de la terre, dans la mesure où il ne fait pas appel aux liens lignagers des individus et à leur appartenance ethnique.

Propriétaire des forêts classées, il procède régulièrement à des déclassements. Si l'appartenance de la forêt classée à l'Etat est acquise, il n'en demeure pas moins que les planteurs villageois estiment qu'elle leur revient en cas de saturation foncière et ils empiètent d'autorité sur ces forêts. Les déclassements constituent ainsi le plus souvent une régularisation d'une situation existante.
L'attribution des forêts, censée être équitable, s'effectue pourtant de manière discutable. Elle profite avant tout aux planteurs "absentéistes" au détriment des planteurs villageois. Sur la totalité des terres concédées, lors du déclassement définitif de la forêt de Memni, seuls cent planteurs de Memni ont obtenu des terres à raison de cinq hectares chacun. Cette superficie, dérisoire par rapport à la totalité de la forêt déclassée (9 000 hectares) et surtout aux surfaces acquises par quelques cadres (jusqu'à 500 hectares), justifie le ressentiment des planteurs. Pourtant, le déclassement de 1973 prévoyait une distribution maximale de 50 ha par cultivateur.
Bien que ces planteurs absentéistes aient acquis leurs terres avec un titre de propriété et fait procéder aux bornages de leurs exploitations, nous n'avons pu consulter les documents afférents à ces attributions, tant à la sous-préfecture qu'au ministère concerné. Un flou administratif entoure toutes ces procédures qui profitent aux notables ressortissants et déconcertent les planteurs villageois. Ainsi, ce planteur qui s'adresse à l'enquêteur. «*Vous autres enfants de maintenant, vous faites toutes vos choses par "couloir" la magouille (les gens de la ville des "blancs" c'est votre spécialité). Nous, autres vieux, ne connaissons pas cela. La magouille c'est du vol, vous ne savez pas cela ? Vous achetez tout le monde sur votre passage, parce que vous avez de l'argent. Croyez-vous que cela est bon ? On verra tout cela là-haut*». Les détournements ne sont pas une spécificité de la zone et existent dans toute la Côte-d'Ivoire. «*En marge de la société paysanne existe une classe de fonctionnaires et de membres de la bourgeoisie urbaine, le plus souvent totalement étrangers au pays Abé et qui, forte de sa position politique et de son assise financière, obtient parfois des*

lots de taille nettement supérieure à ceux accordés aux villageois.» (J.L. Chaléard, 1981).

Une amorce de monétarisation du foncier

La monétarisation et la privatisation du patrimoine foncier prennent le pas sur les processus anciens et provoquent une "course à la terre". Le rôle des planteurs "absentéistes", à ce niveau, est primordial. Grâce à leur situation sociale, ils ont su s'attribuer en priorité des portions de forêts classées, suscitant un nouvel intérêt des planteurs résidents pour le capital foncier. Ces derniers, très attachés à leur terre, n'acceptent désormais de s'en départir que contre une rétribution monétaire croissante. Toutefois comme les achats se font le plus souvent sans bornage, de nombreux litiges surviennent après les tractations.
Les ventes ponctuelles mais en nette progression, traduisent un passage progressif à la monétarisation. Les planteurs "absentéistes" ont commencé à acheter à des étrangers. Le chef de village de Memni[77] entre autres a acquis de la forêt auprès d'un Baoulé, mais ce phénomène concerne maintenant des Akyé résidents. Lors de nos enquêtes, la terre se vendait autour de 50 000 FCFA l'hectare, la vente s'effectuait sur des superficies allant de quelques hectares à une vingtaine. La généralisation du clientélisme devrait s'amplifier avec les nouveaux objectifs des villageois. Elle "*est maintenant bien présent au sein des collectivités villageoises autochtones et clairement identifiée par les acteurs eux-mêmes dans leur conflit et dans leurs projets, même si elle s'exprime dans les catégories de la parenté et des formes de groupement "traditionnels". Ici, le clientélisme est un palliatif de l'insuffisance de l'appartenance lignagère pour assurer l'accès à la terre...*" (J.P. Chauveau, 1994).

Les règles, issues d'horizons différents, s'associent parfaitement les unes avec les autres et s'organisent selon un

[77] Planteur Absentéiste.

système hiérarchique déterminé. Le système traditionnel demeure et concerne les vieilles plantations. Dans un même temps, l'Etat par le biais des classements de forêts est un garant du maintien de l'espace aux autochtones et légitimé, il représente la dernière institution en cas de litige. Les individus panachent le mode d'héritage pour en venir progressivement à une monétarisation du foncier. La terre, autrefois symbole de pouvoir et de réussite, désormais se monnaye.
Le processus de transformation dans les règles foncières engagé par la société prouve que cette dernière est capable de réagir aux changements environnementaux tout en conservant son identité. Dans certaines zones de Côte-d'Ivoire, les autochtones ont vendu leurs terres très rapidement, modifiant ainsi le pouvoir des autorités lignagères sur le terroir. Dans l'étude concernée, ce phénomène n'a pas eu lieu, il est remplacé par une course à la terre des ressortissants. Cependant, la maîtrise des informations diffère selon le milieu d'origine des individus, notamment pour le déclassement des forêts et met en évidence une crise au sein de la légitimé villageoise.

L'évolution des contrats de travail

Le développement du système d'économie de plantation, tel qu'il se présente localement, est basé sur la présence d'une main-d'œuvre abondante et sur les capacités du planteur à l'accroître lorsqu'il désire étendre ses superficies. Elle le bloque par son absence lors des gros travaux agricoles (essentiellement pendant les défrichements et la récolte). La main-d'œuvre domestique représente le pilier de ce système. Or, les jeunes autochtones sont absents de l'espace agricole, sans pour autant être remplacés par les allogènes. Le groupe familial reste suffisant pour des superficies modestes, mais lorsque la plantation s'agrandit des manœuvres doivent être embauchés. Pour pallier cette situation, nous assistons à une modification des règles au sein du groupe domestique dans l'organisation du travail et à la mise en place de nouveaux accords entre les différents acteurs présents. Ces accords ne sont pas nécessairement des documents écrits (sous forme juridique ou non). Ils peuvent revêtir des aspects beaucoup plus élémentaires, notamment un simple échange de paroles. La culture orale étant privilégiée dans le monde de l'économie de plantation, c'est souvent sous forme d'accords verbaux tacites que se concluent les ententes entre planteurs.

Les contrats de travail salarié

Une main-d'œuvre salariée sporadique

Contrairement à ce que l'on observe dans d'autres régions, lors de la mise en place de l'exploitation, le recours à une main-d'œuvre rémunérée n'intervient ici que sporadiquement. Les salariés sont appelés ponctuellement pour répondre à une demande de travail immédiate et les travailleurs permanents ne se rencontrent que sur des grandes surfaces. Ainsi, 20 % des planteurs n'emploient pas de main-d'œuvre salariée, 55 % moins de trois manœuvres, 16 % entre 3 et 6 et 6 % plus de six, dont quatre individus en ont plus de neuf. Ces chiffres confondent emplois permanents et temporaires. Une analyse par statut d'occupation des manœuvres montre que cette main-d'œuvre est essentiellement temporaire.

La main-d'œuvre salariée participe aux plus gros travaux notamment au défrichage. Ensuite le planteur assure seul l'entretien aidé de son épouse et de ses enfants. La distinction entre statut temporaire et permanent se perçoit dans les tâches qui leur incombent : manœuvres temporaires pour les opérations de défrichement, manœuvres permanents du défrichage à la récolte.

Le manœuvre permanent vit sur la plantation, qu'il nettoie et entretient, il perçoit une rémunération en fonction de la forme de convention contractée avec le planteur.

Le manœuvre temporaire intervient, essentiellement pour le défrichage et la récolte. Les jeunes, nourris le matin et le soir, sont payés à la journée, ils travaillent généralement en groupe, l'indemnité des adultes est plus importante

Un accès différencié à la main-d'œuvre

Lorsque les dimensions des exploitations augmentent, le décalage observé entre la main-d'œuvre domestique employée et la surface cultivée peut se trouver compensé par l'embauche de manœuvres.
Du fait des faibles revenus que procurent les plantations, force est donc au planteur d'utiliser des temporaires à moindre coût. Aussi la main-d'œuvre salariée se réduit-elle à sa plus simple expression. Cette forte différenciation suivant le revenu s'exprime par la forme de rémunération mise en œuvre.

La question des droits d'accès à la terre ne peut être séparée de celle de l'accès à la force de travail, au sein d'une exploitation. Les arrangements complexes, conjuguant modalités d'accès au foncier et mise en œuvre de la force de travail, illustrent la "*liaison organique entre terre et travail*" (J.P. Chauveau et J.P. Dozon, 1985) caractéristique de la phase pionnière de l'agriculture de plantation villageoise. Ces arrangements mettent en jeu le plus souvent des autochtones avec des stratégies d'accumulation foncière et des migrants voulant se stabiliser comme planteurs. Les akyés lépins se trouvent intégrés à la société étatique et urbaine tout en gardant des attaches avec leurs racines. Ce qui se traduit, à la différence du Sud-Ouest, du Centre ou encore des plantations des Akyé Bodin, par la quasi-impossibilité pour les étrangers d'accéder au patrimoine foncier, ni de posséder des plantations de cultures pérennes ou des champs de cultures vivrières. En conséquence, la grande mobilité des manœuvres, qui n'hésitent pas à se déplacer lorsque les conditions se détériorent, les portera à aller travailler en ville ou sur le front pionnier du Sud-Ouest[78]. Pourtant, les allogènes

[78] La présence d'allogènes va de pair avec une saturation minime du terroir, l'accès au foncier agissant comme un point de fixation des populations extérieures.

peuvent être considérés comme un facteur de dynamisation. Leur statut, souvent précaire, et leur souci de réussite sociale en font des individus entreprenants, soucieux d'accumuler avant de retourner dans leur région ou pays d'origine. Cette préoccupation quant à la rentabilisation de leur travail peut les conduire à tenter une modification du système de production lorsque cela s'avère nécessaire.

L'impossibilité d'obtenir de la terre et la faible rentabilité des contrats de travail du fait des mauvais rendements, limitent le nombre de manœuvres. On comprend dès lors, la difficulté qu'éprouve l'exploitant pour retenir des travailleurs qu'il ne peut rémunérer de manière attractive. Cette nouvelle contrainte, hormis ses incidences sur la dynamique de l'exploitation, va sensiblement modifier les rapports de force au sein de l'unité domestique, elle sera également le catalyseur de l'émergence de nouvelles formes d'entraide. Ainsi, la pénurie en main d'œuvre est forte en période d'activité champêtre "intense". Ce phénomène[79] aura pour conséquence immédiate une exigence accrue du point de vue de la rémunération. Si certains modes de contractualisation, ne sont que peu évoqués (contrats annuels, échange force de travail-foncier) les exploitants privilégient les accords avec les membres de l'unité familiale ou avec des membres plus éloignés. Ces pratiques, relativement nouvelles, impliquent notamment une participation accrue des femmes sur les cultures pérennes.

Des contrats associatifs : un palliatif au manque de main d'œuvre salariée

Dans le passé, les ruraux s'organisaient en groupe d'entraide pour travailler à tour de rôle dans les plantations de chacun des membres du groupement. Face à la pénurie et au coût élevé du salariat, les associations "amicales" prennent une autre dimension.

[79] De nombreuses études ont souligné cette raréfaction de la main-d'œuvre salariée dans la boucle du cacao (Y. Affou, 1979 ; J.L. Chaléard, 1982...).

La pratique classique de "gnoupin"[80] permet une entraide entre des personnes d'un même groupe d'âge, d'une même famille, et peut être étendue au quartier, aux beaux-parents... Des ruraux se rassemblent et s'organisent pour travailler dans les plantations de chacun des membres du groupe. La désignation du bénéficiaire se fait d'un commun accord, à tour de rôle. Cette forme de solidarité se rapporte essentiellement aux défrichements, au nettoyage des plantations et aux grandes récoltes. Aucun des membres du "gnoupin" ne perçoit de rémunération, seule la nourriture est assurée pendant la durée du travail par le bénéficiaire. Ces groupes d'entraide, constitués de manière conjoncturelle, répondent à une exigence technique dans la production et non à une organisation sociale de celle-ci. Ces pratiques "associatives" connaissent un succès certain auprès des planteurs, qui préfèrent recourir à des akyés. De plus, en cas de litige, ils peuvent obtenir gain de cause avec un règlement villageois.

Une nouvelle catégorie de "gnoupin" se fait jour. Moyennant une rémunération monétaire, de jeunes ruraux se louent sur les plantations. Après s'être constitués en association, ils proposent leurs services aux planteurs villageois pour le défrichement et le nettoyage, quelques rares fois pour les récoltes. Un responsable, choisi dans le groupe, s'occupe des démarches auprès des employeurs, une partie de l'argent gagné est conservée pour subvenir aux besoins sociaux et culturels de l'association, le reste est distribué entre ses membres. Cette forme de "gnoupin", constituée sur une base individuelle ou associative, peut entretenir l'intégralité de la plantation, lorsque le propriétaire est inactif ou dans l'incapacité d'en assurer lui-même l'entretien. Après les travaux, la récolte est vendue puis partagée avec le propriétaire selon une répartition convenue à l'avance.

Ces nouvelles catégories de "gnoupins" se sont développées très récemment sur les deux villages. Les jeunes ruraux qui en font

[80] Groupe d'entraide entre individu d'un même groupe d'appartenance.

partie sont souvent des déscolarisés en situation de retour et possèdent un faible niveau d'instruction... Ils ne peuvent obtenir de terres pour créer leurs propres plantations, aussi se louent-ils sur celles des anciens. Ils ont "tenté leur chance en ville", mais face à la crise globale et à l'impossibilité de se faire héberger par des membres de leur famille urbaine, tout aussi démunis qu'eux, ils rentrent au village. Cependant, leurs parents exploitent le plus souvent de petites superficies et ne peuvent subvenir à leurs besoins. Aussi, se dirigent-ils vers cette forme d'association qui fonctionne plutôt bien. Ces jeunes ne cherchent pas à obtenir des terres. Leur intérêt pour le monde paysan est très conjoncturel, ils envisagent leur avenir dans l'artisanat ou dans le commerce, leur activité en tant que manœuvre leur permettant de se constituer un capital.

L'émergence de nouvelles formes de "gnoupins" rémunérés participe d'une monétarisation croissante de l'ensemble des rapports familiaux de travail. La tendance à la diffusion de relations de clientèle au sein de relations de parenté et d'alliance est clairement perceptible dans ces actions collectives des jeunes et des vieux. Beaucoup de jeunes participent ainsi, en sus du travail fourni sur l'exploitation familiale, à des groupements de travail constitués sur les critères de recrutement et de fonctionnement les plus divers : réseau d'amitié, soutien entre ressortissants d'une même catégorie d'âge pour effectuer des prestations auprès des aînés, affiliation religieuse, association à objectif déterminé. Les planteurs d'âge avancé semblent toutefois avoir une préférence pour les sociétés établies à partir de critères de parenté comme l'appartenance au lignage ou/et de quartier. Les jeunes se plaignent de la faible rétribution de ce genre de contrat de travail où se mêlent des considérations contractuelles et des obligations statutaires (J.P. Chauveau, 1995).

Les contrats de travail internes à l'unité domestique

L'intégration à l'économie marchande bouleverse, en sus des rapports de production, les structures sociales. Outre le recentrage sur les liens directs, les individus vivent des modifications de leur rôle au sein de leur communauté.

Une main-d'œuvre familiale peu utilisée

La société Agni base le fonctionnement du groupe domestique sur une organisation collective, maîtrisée par les aînés et régie par les règles du pouvoir lignagier. Désormais l'intégration à la sphère marchande par le biais de l'économie de plantation conduit la famille à revendiquer une autonomie relative dans la formation de sa production et de sa reproduction[81]. Cette économie marchande ouvre la société paysanne traditionnelle sur le monde extérieur et rend, de ce fait, les relations sociales entre ses membres tributaires des objectifs économiques poursuivis par les agriculteurs. L'unité domestique devient ainsi la seule participante au schéma de production, délaissant l'intervention de la famille élargie.
La transformation de la famille en unité de production, contrôlée directement par le chef de ménage, induit le développement de nouveaux rapports entre les membres de son unité domestique. Aussi, toute modification au sein du système de production, rejaillit-elle dans la structuration familiale. Alors que les familles africaines intègrent communément en leur sein une partie de leurs ascendants et collatéraux, en raison de leur organisation basée le plus souvent sur le lignage, elles vont connaître dans les zones d'économie de plantation des évolutions marquantes au niveau démographique (taille et composition de la famille) liées aux modifications économiques de la société. A travers le temps, la société va transiter d'un pouvoir collectif à un pouvoir domestique,

[81]. A. Quesnel - P. Vimard, 1982.

qui restera maîtrisé par les aînés et régi par le lignage, et qui conservera ainsi les caractéristiques d'une société paysanne.

La plupart des exploitants font fonctionner leurs plantations dans des conditions infra rentables. De ce fait, ils se trouvent dans l'incapacité d'en assurer la reproduction. Les actifs potentiels se répartissent entre le milieu scolaire, une activité hors du milieu agricole et une insertion dans le monde paysan (Cf. Fig. 13).

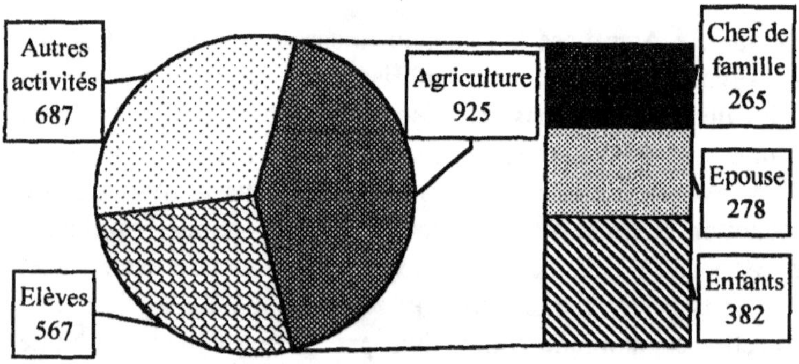

Figure 13 : Répartition de la main d'oeuvre familiale (effectif)

SOURCE : Enquête planteur, 1986

La fraction qui travaille à demeure dans l'exploitation reste faible, même lorsque les besoins en main-d'œuvre ne sont pas couverts. Les individus qui résident avec le chef de ménage, hormis les enfants scolarisés, travaillent avec ce dernier sur son exploitation, le plus fréquemment en tant qu'aides. Les ménages enquêtés se caractérisent par la faiblesse des enfants (1,2) et/ou de petits-enfants (1,8) résidant au village. La famille rurale se compose donc du planteur, des aides familiaux[82] et des élèves.
Le composant périphérique, indicateur de l'organisation sur la plantation, apparaît sur les grandes et les très grandes exploitations.

[82] L'importance numérique des actifs familiaux dans la plantation s'amoindrit, du fait de la forte migration des jeunes ruraux et du nombre croissant d'élèves.

Les ménages qui intègrent un manœuvre dans leur famille exploitent de plus grandes superficies, ce qui se traduit par des revenus supérieurs à la moyenne[83]. Les jeunes chefs de ménage emploient de la main-d'œuvre familiale. Cet apport domestique permet de démarrer leurs exploitations à un moindre coût, sans recourir à l'embauche. Les planteurs plus âgés remplacent le membre de la composante périphérique par leur femme. Ils utilisent les services des manœuvres qu'ils ajoutent ou substituent aux travaux de leurs épouses, ceci essentiellement sur les grandes plantations.
Les chefs de ménage, avec une forme de composante centrale simple de plus de 50 ans, ont le plus souvent des enfants à l'extérieur qui, par le système de droit et obligation, les entretiennent et compensent en partie la baisse de leurs revenus.

La présence d'une force de travail domestique constitue le préalable à toute exploitation. Elle s'avère suffisante pour les superficies réduites. Avec l'extension des surfaces, l'effectif de l'unité familiale constitue un facteur limitant. Le départ des enfants grève lourdement le potentiel de main-d'œuvre familiale disponible pour l'exploitation. Pourtant, quelle que soit la superficie cultivée, la stratégie de scolarisation-migration est similaire, même si elle conduit les chefs d'exploitation à se passer d'une force de travail existante et vitale pour l'unité de production. Contrairement à ce qu'énonce A. Tchayanov *«Les bras qui n'ont pas trouvé d'emploi dans l'agriculture vont chercher un emploi <u>non agricole</u> pour équilibrer économiquement les besoins de la famille»* (A. Tchayanov, 1990), les enfants quittent l'exploitation même s'ils sont susceptibles d'y être employés.
En détournant la force de travail domestique à son profit, le chef de ménage néglige désormais le système d'entraide entre villageois et

[83] La taille de la plantation n'agit pas sur la composition familiale, cependant le passage d'une composante nucléaire à une composante nucléaire élargie concorde avec un doublement des revenus de 200 000 à 400 000 FCFA. Nous notons que les revenus les plus conséquents correspondent à des familles où le nombre d'hectares cultivés est égal ou supérieur à 8.

construit sa plantation sur un mode privatif. Ainsi, la place de chaque individu, coutumièrement établie par les liens du lignage, est assignée par des rapports de production. Les bouleversements s'observent dans les schémas d'intégration des individus. La femme travaille désormais sur la plantation et y occupe une place déterminante. Les enfants, scolarisés puis/ou migrants, sont appelés à intégrer le monde urbain.

Un nouveau rôle de la femme

Le désengagement des enfants de l'espace rural rend l'appoint de l'épouse obligatoire. Cette implication active sur les cultures arbustives permet aux chefs de ménages de scolariser les enfants, résolvant en partie l'arbitrage entre recours ou non au salariat. La femme, devenue productrice, occupe la place principale dans la main-d'œuvre de l'exploitation. L'élément féminin, qui constitue une fraction essentielle de la force de travail, représente dans 59 % des cas plus de 50 % de l'unité familiale. Ces femmes sont principalement les filles du planteur, résidant au village, et les épouses, sœurs, nièces, belles-filles... composent la fraction féminine restante. Seules, 18 % d'entre elles, essentiellement les filles du chef de ménage, exercent une profession hors de l'agriculture. Dans les 6 % de femmes qui se consacrent au commerce, un grand nombre vend des produits vivriers et plus spécialement de l'attiékè, notamment sur le marché villageois.

Le pouvoir masculin s'exerce désormais au sein même de la famille conjugale, et non plus dans les limites de la communauté lignagère. Le lien conjugal s'établit de plus en plus directement entre l'homme et la femme, sur des bases consensuelles fragiles. Le mari, par son travail sur les plantations de cultures pérennes, oblige son épouse à abandonner temporairement ses cultures vivrières. Pour être accepté, ce délaissement doit être rétribué (espèce, cadeaux...). Ce nouveau statut permet aux femmes de revendiquer certains droits dans la mesure où leur travail contribue directement aux ressources de l'unité familiale, auxquelles s'ajoutent les revenus des cultures vivrières[84]. Cette nouvelle activité modifie le pouvoir de décision financier. Les différends entre époux sur le budget alloué à chacun d'eux sont de plus en plus fréquents. Les femmes désirent être soulagées de certaines dépenses qui leur incombent (notamment l'éducation des enfants dans le système matrilinéaire Akan), afin de compenser le manque à gagner sur leurs parcelles de vivrier. Les défaillances de l'époux, pour subvenir aux besoins monétaires de sa femme et de ses enfants, sont fréquentes, en cette période de crise économique, elles conduisent à une plus grande instabilité matrimoniale (A. Guillaume, 1988).

Les rapports hommes/femmes doivent trouver un équilibre qui satisfasse les deux parties et permette de maintenir l'objectif suivi par le groupe soit une scolarisation/migration des enfants.

Une nouvelle place pour l'enfant

L'enfant peut être assimilé à une forme de capital. Soit par le travail qu'il fournit sur l'exploitation ou chez un tiers en tant qu'aide familial (enfant main-d'œuvre). Soit par la scolarisation, destinée à procurer un revenu supplémentaire au chef de ménage dès lors qu'il travaille. Communément dans les sociétés rurales des pays africains, l'entrée des enfants dans le cycle de production se fait dès le plus jeune âge. Jusqu'à six ans, l'enfant est considéré comme un bien de consommation[85], ce n'est qu'ultérieurement qu'il devient un bien de production potentiel en tant que source de revenu. Cette intégration est généralement plus tardive dans les sociétés industrialisées.

Dans la société étudiée, l'éducation remet en cause le statut de l'enfant. Celui-ci opère un séjour plus long qu'avant dans le milieu scolaire et passe plus tardivement du statut de consommateur à celui de producteur. Ce qui implique une prise en charge par le

---

[84].Quand celles-ci ne sont pas commercialisées en grandes quantités, auquel cas elles passent alors sous un mode d'intervention masculine.

[85] Au sens économique du terme

groupe domestique pendant la période d'inactivité et fait naître des charges de travail importantes qui grèvent le budget domestique. Les enfants fournissent néanmoins une main-d'œuvre ponctuelle, lors de leurs congés.

Cette nouvelle place de l'enfant qui ne se situe plus dans l'espace de production agricole mais dans la sphère scolaire (Cf. Tableau 11) ne peut se comprendre qu'en fonction des objectifs des planteurs. Le processus scolaire correspond à un investissement sur l'avenir afin de garantir aux parents restés au village une sécurité matérielle future. Ensuite, l'enfant s'insère dans l'espace de production urbain ou il prendra sa place et respectera le contrat avec sa famille et son village d'origine.

TABLEAU 11 : Activités des enfants par classe d'âge (%)

	Classe âge			
Profession	< 6 ans	6-14 ans	14-19ans	> 19 ans
Agriculture		11	32	33
Commerce			04	07
Artisanat			08	13
Tertiaire			01	13
Ménagère		04	08	19
Sans emploi		01	05	06
Elèves	07	80	42	09
Non concerné	93	04		
Total	100	100	100	100

SOURCE : Enquête planteur juin 1986

Une dynamique des compromis

La femme et les enfants deviennent les principaux acteurs à la fois de l'unité domestique et de l'unité de production. Ces nouveaux statuts leur permettent de poser des revendications qui influent considérablement sur les rapports entre les diverses générations et entre les sexes, notamment en faveur d'une plus grande monétarisation des rapports de travail. Sous la double pression des contraintes foncières et financières, un resserrement des accords entre les membres de l'unité domestique au détriment des accords avec des contractants extérieurs se dessine. On note ainsi une montée en puissance des relations avec des individus proches (gnoupins) ou avec les membres directs de l'unité domestique. Cette plus grande participation des membres du groupe domestique sur la plantation modifie les relations internes.
Chaque sexe modifie son emprise sur l'autre, ce qui crée de nouveaux rapports de force. La femme devient un élément déterminant de la bonne marche de l'exploitation, le contrat passé entre sexes ne sera plus uniquement "matrimonial" mais aussi du domaine du travail. Les femmes négocient leur participation à l'activité productrice du mari par une contrepartie financière directe (numéraire) ou indirecte (participation au financement de la scolarisation enfants). Ce nouveau statut leur permet de tirer parti de leurs ressources propres notamment issues de la production vivrière. Pour les chefs d'exploitation, le recours à l'unité domestique proche (femme) permet de baisser les coûts de transaction.
Dans un même temps, le contrat entre adulte et enfant se modifie. L'enfant éduqué sera lié à la famille par un contrat "d'assistance" sur du long terme. La femme passe d'un contrat "matrimonial" à un contrat de travail, quand l'enfant passe d'un contrat de travail à un contrat "d'assistance".

Les contrats, tels qu'ils apparaissent, ne sont pas des modèles fixes dont le cadre serait référencé aux seules données économiques. Ils doivent être considérés comme la résultante d'une interaction entre les stratégies évoquées, le contexte environnemental et les caractéristiques des organisations (règles de natures diverses, routines locales...).

Les règles qui sous-tendent les différents contrats relèvent de mondes différents, de plus en plus imbriqués. Les règles de nature domestique assurent le fondement de ces négociations et se réfèrent à plusieurs espaces de justification, coutume, lignage. Les règles du monde marchand tendent pourtant à s'immiscer dans le monde familial. En effet, l'implication dans le monde marchand (cultures d'exportation) voit l'imbrication de plus en plus intimes entre règles domestiques et règles relevant du monde marchand (par exemple monétarisation). Le mode de rémunération de la main-d'œuvre familiale qui travaille sur l'exploitation, mais qui n'appartient pas à l'unité domestique directe, fait ressortir cet engagement dans la monétarisation, malgré la persistance des modes de rémunération traditionnels. Dès l'instant où l'engagement dans la production marchande devient irréversible, les agriculteurs tentent de tirer un revenu maximal du travail familial. De cette valorisation nouvelle naîtra une monétarisation du rapport familial de travail.

La trajectoire choisie par les villageois est issue d'un apprentissage organisationnel qui prend sa source dans les options retenues. Cette orientation pousse les villageois vers le monde urbain qui devient le modèle de réussite sociale. De ceci découle l'idéalisation de ce mode de vie et le rejet du monde rural.

L'EVOLUTION DES REGLES ET DES CONTRATS AU SEIN DE LA SOCIETE "VILLAGEOISE MIGRANTE"

Les différents mondes dans lesquels évoluent les individus, les obligent à s'adapter aux règles de la société. De ce fait, on ne peut pas envisager de considérer qu'ils n'ont qu'une seule rationalité ; l'interférence entre les trois mondes les oblige à appliquer plusieurs types de rationalités.

Pour exposer cette ambivalence, nous pouvons détailler les différents niveaux d'intervention dans le cadre de l'économie de plantation. Ils agissent selon plusieurs critères qui possèdent leur propre logique. Un critère qui permet de subvenir aux besoins alimentaires (reproduction biologique) et un autre pour subvenir aux besoins monétaires, par le biais de la culture en vue d'une commercialisation. En reprenant les distinctions des différents mondes de L. Boltanski et L. Thévenot (1991) nous pouvons dire que le groupe domestique relève simultanément de plusieurs mondes. Il doit faire face aux principes "d'efficacité" et "d'équivalence" pour sa production agricole. Cependant, son implication dans la vie sociale notamment par le système de droits et obligation (règles morales) l'oblige à respecter le "principe de réputation" qui relève du monde domestique. Ainsi, il paraît utopiste d'envisager de dégager des lignes de réflexion ou une logique selon le monde d'appartenance des individus, car ces derniers progressent dans plusieurs milieux simultanément et respectent des règles multiples : domestiques, industriels ou marchands.

Les villages connaissent une autonomie importante dans la mesure où la société est centrée sur elle-même. Ils sont pourtant affectés d'un exode rural significatif, mais sans qu'il y ait rupture entre monde rural et urbain. Les individus migrants occupent une place dans la société villageoise qui se situe hors de leur espace géographique mais pas de leur espace social. Aussi les modifications qui proviennent de l'extérieur font progresser cette société rurale mais ne la transforment pas fondamentalement car le rapport au lignage demeure très puissant. Il permet de conserver des *"relations de confiance, de loyauté de franchise entre les individus"* qui sont importantes dans le fonctionnement du groupe (K.J. Arrow, 1974). En dépit des fragmentations familiales liées à l'éparpillement géographique et aux difficultés venues de la crise, le système de droit et d'obligation cimente la persistance de la cohésion familiale. Le lignage, par-delà les clivages géographiques parait être en mesure de maintenir cette cohésion.

Les règles de solidarités familiales

La règle d'assistance

Le poids du lignage chez les akyés et la proximité géographique d'Abidjan, deux éléments qui incitent les individus à une aide forte et régulière, renforcent la règle d'assistance.
L'aide au village, avant tout individuelle, se traduit par des apports numéraires ou matériels et provient essentiellement de la famille directe. Les enfants de planteurs actifs sont à 40 % employés ou salariés, et selon toute vraisemblance, envoient de l'argent à leur famille. Aussi, plus le nombre d'enfants migrants actifs est important, plus ces revenus annexes seront importants. Pour de nombreuses familles les revenus en provenance des enfants ressortissants dépassent les rentrées relatives aux récoltes. Ceci a déjà été constaté dans d'autres régions de Côte-d'Ivoire. *"Dans les régions d'agriculture faiblement commerciale et où l'émigration est forte (comme la région de Touba par exemple), les revenus de transferts peuvent dépasser, chez certains exploitants, les revenus agricoles."* (F.R. Mahieu, 1989(a)). L'aide numéraire compense la faiblesse des revenus dégagés par la plantation en l'absence d'activité annexe et représente, dans de nombreux cas, une ressource importante pour les foyers ruraux.

Les urbains envoient de surcroît des produits transformés ou des biens alimentaires, à leur famille villageoise. L'assistance matérielle se décline également par l'accueil de la famille. L'hébergement temporaire prend place lors des déplacements des planteurs vers la ville. Il peut également concerner le migrant sans emploi qui séjourne chez un parent tant que sa situation n'est pas stabilisée. Son absence de revenu le maintient dans le foyer de ce dernier. Il ne le quittera qu'une fois qu'il aura acquis son autonomie financière. Pour de nombreux villageois, cette entraide représente

une quasi-obligation. La prise en charge de l'hébergement d'un villageois s'accompagne en plus, de cadeaux à la famille lors du retour de l'hébergé au village.
L'aide que les urbains accordent à leurs parents villageois grève fortement leur budget par les coûts qu'elle occasionne. Si au début de l'exode rural, tout ressortissant pouvait accueillir les membres de sa famille sans que cela grève énormément son budget, la conjoncture actuelle modifie la situation (C. Vidal- M. Lepape, 1986). *"Chaque "compressé" supplémentaire est obligé de s'adresser à un niveau plus élevé de la hiérarchie socio-familiale, les niveaux précédents étant à saturation. Ceci provoque une double atteinte à l'édifice social africain : les niveaux intermédiaires, saturés, ont pris l'habitude de refuser les demandes supplémentaires de secours ; les nouveaux "pauvres" prennent l'habitude de s'adresser au niveau pus haut, soulignant les inégalités de revenu."* (F.R. Mahieu, 1990)...

Le ressortissant se doit d'intégrer son "frère" dans la société urbaine en lui trouvant un emploi. Cela fait partie du contrat passé avec le village. Le ressortissant installé doit se montrer reconnaissant envers le village et aider les villageois qui migrent en ville, tant pour l'hébergement que pour le travail. C'est pourquoi l'attribution de postes dans la sphère décisionnelle dépend en partie des réseaux de parenté. Qui ne fera pas rentrer son frère ou son cousin dans l'administration ou encore l'entreprise dans laquelle il travaille ? Ce réseau, nommé par les planteurs "de magouille", se rencontre fréquemment dans les grandes villes africaines, mais tend à se minimiser avec l'augmentation du niveau général de qualification.
Les ressortissants revendiquent de plus en plus une autonomie dans le domaine de l'hébergement et désirent se limiter à l'assistance à la famille directe ou à une intervention collective par le biais des associations. Pour ce faire, ils tentent de dissuader leur famille dans la migration. Nombre de villageois expriment leur rancœur envers des ressortissants qui refusent d'accueillir des enfants et les

redirigent vers leurs foyers villageois. Par exemple, un ressortissant appartenant à la haute sphère administrative abidjanaise hébergeait, entre autres, un de ses cousins éloignés mais il refusait de lui chercher un emploi. Le jeune homme et sa famille ont tenté de le discréditer auprès des autres villageois pour son manque de coopération. L'individu, interrogé sur ce sujet, justifiait son attitude par la modification des qualifications demandées dans la société actuelle, qui ne lui permettait plus de s'engager comme dans le passé pour un jeune qui ne possédait pas les compétences nécessaires.

Les règles de l'échange

Au début de l'exode rural, (Ph. Antoine, A. Traouré, F.R. Mahieu, Th. Locoh...), un équilibre existait dans l'échange. De la campagne vers la ville, il concernait des biens en nature, dans l'autre sens, des biens monétaires. La dépression économique éprouvée dans les deux milieux provoque une réduction des flux en provenance des villages. Cette modification dans le système d'aide se constate dans de nombreuses zones, notamment par F.R. Mahieu *"Les flux de la campagne vers la ville paraissent déséquilibrés : le village assure des droits fonciers potentiels, garde les enfants et envoie des vivres quand les récoltes sont bonnes. Mais cette aide en retour ne peut rembourser les prestations que la communauté exige de ses ressortissants urbains"*. (1989b.) Tout comme l'aide aller, l'aide retour est difficile à évaluer mais semble se restreindre de plus en plus à l'accueil des petits-enfants pour scolarisation.
Les enfants de planteurs ou les ressortissants des associations que nous avons rencontrée refusent d'aborder la question de l'aide retour. Cependant, il apparaît nettement dans les entretiens qu'elle est sans commune mesure avec l'aide "aller". Les villageois-planteurs ne nous ont jamais déclaré aider les enfants en milieu urbain, si ce n'est par des dons en nature lors des visites. Outre l'apport ponctuel lors de leurs visites, les envois des ruraux aux urbains se limitent à des dons de manioc et de banane plantain en

période de surproduction. Ils ont parfois précisé qu'ils payaient la scolarité de leurs enfants en milieu urbain, mais pas l'hébergement. Alors que dans l'autre sens, les manifestations d'assistance sont permanentes. Cette non-réciprocité se justifie aux yeux des ruraux par le fort investissement qu'ils ont placé dans l'éducation de leurs enfants et qui implique une contrepartie en retour. Ill leur semble donc normal que leurs efforts soient récompensés par l'envoi d'un "remboursement" de la part des urbains actifs.
Confrontés à des difficultés économiques, en partie du fait de leur stratégie d'investissement dans l'éducation et la migration, les agriculteurs effacent la réciprocité de l'aide en vigueur au début du processus d'exode rural. Toutefois, le flux de jeunes enfants de la ville vers la campagne ou l'éducation des jeunes est moins onéreuse modifie encore les contrats.

Les flux d'enfants : règle d'assistance ou d'échange ?

De nombreux travaux se consacrent aux transferts d'enfants qui représentent un phénomène social majeur en Afrique de l'Ouest. Selon A. Guillaume et P. Vimard (1988), le lignage traditionnel est le "principe fondateur" de la circulation des enfants. Le plus courant est celui du transfert d'enfants du ménage parental à un ménage exerçant la fonction de tuteur. Ce transfert s'effectue dans de multiples directions et peut s'inverser en fonction de la conjoncture économique. Compte tenu du coût très élevé des scolarités, il représente un transfert de charge de la campagne vers la ville.
Le "confiage" correspond à un mode de comportement, qui forme l'un des soubassements de l'éducation Akyé. Cette attitude, fréquente dans les sociétés africaines, notamment de l'Afrique de l'Ouest, diffère selon les ethnies. L'enfant appartient au lignage d'un de ses géniteurs, patrilinéaire ou matrilinéaire. Son éducation et sa formation sont à la charge de l'ensemble du lignage et non à celle du père ou de la mère uniquement. Ceci peut occasionner un

changement de domicile de l'enfant, qui se verra confié à un autre membre ou à une autre famille du lignage.

Chez les Akan, société matrilinéaire, le confiage est essentiel, avec 26 % d'enfants accueillis contre 21 % pour les autres groupes ethniques ivoiriens (P. Vimard- A. Guillaume, 1991). Dans les villages de Memni et Montézo, de nombreux enfants sont confiés à l'extérieur des villages et préférentiellement dans les villes. Dans les villes, il arrive souvent que la proportion d'enfants confiés soit supérieure à celle des enfants biologiques, cependant ce système commence à montrer ses limites.

Le principal motif de "confiage" des enfants figure dans la scolarisation, essentiellement pour les garçons. Ces échanges réciproques entre zones rurales et urbaines illustre encore une fois l'interdépendance entre les deux mondes[86]. Le second motif majeur de transfert d'enfants entre familles correspond au placement en tant qu'aide familial. Comme nous l'avons déjà mentionné, ce flux concerne essentiellement les jeunes filles, placées comme "petites bonnes". Phénomène ancien, très répandu à Abidjan, il correspond à l'obtention d'une main-d'œuvre à faible coût pour les familles d'accueil.

Phénomène récent, les villageois se voient plus fréquemment confier des enfants issus de familles urbaines. "Ils constituent prés de 50 % des enfants de la localité (1,43 enfants accueillis par ménage), représentent 22 % du total des résidents et 45 % de l'ensemble des enfants célibataires de moins de 20 ans." (P. Vimard - A. Guillaume, 1988). "Ainsi, en 1985, on trouvait en moyenne, par ménage, un enfant accueilli par ses "grands-parents" et cela pour 2.5 descendants directs du chef de ménage" (P. Vimard, 1988). Les enfants confiés à la famille villageoise sont élevés et/ou scolarisés à moindre coût qu'en ville, très peu sont employés dans l'agriculture. Les citadins placent leurs enfants dans leur famille d'origine pour les y scolariser, principalement pour des motifs économiques

[86] 43 % des enfants confiés à Memni et Montézo et 58 % des enfants placés à l'extérieur le sont pour cette raison (P. Vimard - A. Guillaume, 1991).

puisque les frais scolaires y sont minimisés. Ce transfert est également induit par le sureffectif des écoles urbaines qui ne sont plus en mesure d'absorber tous les citadins. 56 % des enfants confiés au village sont inactifs et 35 % élèves.

Les contrats de redistribution

Le système de droits et obligation constitue une règle incontournable qui permet de réduire les inégalités sociales et économiques. Très spécifique, il s'apparente à un mécanisme de régulation dans l'attribution des ressources. Fondement de la société africaine, il assure à tout individu la garantie d'un apport minimal (alimentaire et financier) en obligeant les plus nantis à redistribuer leurs richesses.

Une obligation morale des ressortissants.

Selon le "code" de la société rurale, l'échéance du remboursement de la dette est immédiate pour le migrant. Elle apparaît dès l'entrée dans la vie active. Se soustraire à ce système de redistribution équivaut à accepter une mise en marge de la société d'origine. Cette entraide, obligation morale des "cadets" envers les "aînes", est une routine organisationnelle dans le sens où, intégrée par tous les individus migrants, elle permet, dans une certaine mesure, au monde villageois d'exercer un contrôle sur les ressortissants.

La redistribution s'effectue principalement vers la famille directe. Elle est obligatoire et indépendante de la situation sociale du migrant, sa position en ville constitue en soi un gage de prospérité. Ceci pénalise particulièrement les individus qui occupent des emplois précaires et les chômeurs qui n'osent pas avouer leur situation à leurs parents villageois et continuent à verser leur dû à la société. La combinaison de la récession économique et de la crise de l'économie de plantation entraîne une chute des revenus globaux (urbains et ruraux). Les ressortissants urbains voient leurs obligations envers leur milieu d'origine s'accroître. Dans le même temps, une population urbaine de ressortissants sans ressources (chômeurs, déscolarisés) apparaît et demande l'application d'une solidarité intra-urbaine.

Les migrants sont de plus en plus réticents à supporter une baisse de leur pouvoir d'achat pour aider la famille villageoise. Ils ne cherchent pas à se dérober à leurs contraintes car tout refus de leur part correspondrait à un discrédit de la communauté et justifierait des sanctions de cette dernière. Cependant, la baisse du pouvoir d'achat limite les possibilités de redistribution. Les premiers symptômes de dysfonctionnement apparaissent et se traduisent par la marginalisation de certains groupes domestiques. Ce changement d'attitude trouve peu d'écho chez les villageois qui ne perçoivent pas ou ne veulent pas percevoir le changement de situation de leurs enfants. Pour eux, la ville demeure un lieu de vie facile. Mais surtout, l'aide des enfants est indispensable à la survie du village, aussi exercent-ils une forte pression pour contraindre les ressortissants à maintenir leurs obligations et à verser leur dû à la société agricole.

L'assistance au milieu d'origine pressurise de plus en plus le milieu migrant mais constitue une source de prestige et de reconnaissance sociale de la société africaine attachée à ses sources, notamment pour les ressortissants les plus favorisés. Tel ce ressortissant de Memni, sans famille au village depuis une génération mais qui participe néanmoins à toutes les activités de l'association des ressortissants afin de parfaire son image auprès de la société urbaine abidjanaise. Ses propos illustrent le besoin de reconnaissance sociale de nombre d'urbains par rapport à une société attachée à ses origines. Cadre supérieur, il ne possède pas de terre et peu d'attaches au village. Son père est mécanicien tourneur fraiseur retraité, ses oncles et tantes se sont déplacés vers Abidjan dès le début de leur vie professionnelle. Tous ses frères et sœurs, au nombre de 11, travaillent à Abidjan et en majorité dans l'administration. Sa femme, d'ethnie Agni, infirmière d'Etat, ne se déplace jamais à Memni, tout comme ses six enfants. Par ailleurs, il ne côtoie pas le peu de filiation qui lui reste au village. Son aide passe par le biais de l'adhésion à l'ASSODEM et correspond à un engagement social. Son engagement dans l'association des ressortissants de Memni répond à l'appel des dirigeants ivoiriens qui invitaient les élites à participer à la vie de leur localité d'origine. Ce cadre est fier de "*participer au développement de sa région*". Cependant, cette action au sein du village n'est certainement pas sans rapport avec la notoriété de certains hommes politiques influents.

Pour obtenir une bonne adhésion des acteurs à la stratégie collective, un système hiérarchique est mis au point. D'un côté, "le principe de réputation", fait partie des obligations envers le village et de l'autre, le lignage reste très puissant dans l'organisation. Ce principe correspond à une obligation morale qui sert à obtenir le contrôle sur le suivi des nouvelles règles. Le dernier recours en cas de refus sera le fétichisme.

La pression du fétichisme

L'hypothèse avancée par F.R. Mahieu (1988) est que la communauté entretient les individus dans un système répressif sinon totalitaire (Auge, 1977 ; Duval, 1985) où l'information sur les risques en cours est imparfaite. Ne pas aider les autres c'est s'affaiblir par rapport à un jeu de forces dont l'entourage est porteur. En effet, tout manquement à l'obligation communautaire entraîne des sanctions de la part de la société concernée, qui peuvent revêtir plusieurs formes : un refus d'assistance économique en cas de besoin, une pression psychologique ou, la plus importante et la plus crainte par tous les individus quelle que soit leur origine, la sorcellerie.
La crainte de la sorcellerie, très présente dans les esprits, demeure encore plus ancrée chez les citadins supposés avoir réussi. Certains ne souhaitaient pas revenir au village de peur d'être "fétichés" par des parents jaloux de leurs situations. Toute animosité ou

contestation d'un individu ou d'une société peut entraîner l'appel à un féticheur. Le poids de cette pratique s'illustre dans la grande cérémonie organisée afin de lever le mauvais sort jeté sur le village[87]. Cette cérémonie avait été initiée par la chefferie et les ressortissants mais elle intéressait toute la population, villageoise et ressortissants urbains.
Cette solution est d'un coût non négligeable, mais essentielle, notamment pour les ressortissants qui désirent jouer un rôle important dans leur village d'origine. *"Le fait de s'assurer en assumant ses obligations n'est pas suffisant vis-à-vis de l'incertain, il faudra de toute façon s'auto-assurer par un recours régulier au féticheur."* (F.R.Mahieu, 1989b).
La sorcellerie permet d'opérer un contrôle sur les individus. Ainsi, N'Béchio (Ministre de la Fonction Publique) n'hésite pas à la rappeler lors de son discours aux jeunes du village de Memni. "*Si parce qu'aujourd'hui vous avez eu des postes ou que vous avez été à l'école, vous pouvez vous permettre de dire que vous êtes au-dessus de tous, il ne faut jamais oublier quelque chose qui est important en Afrique, c'est la malédiction des anciens"*. Le pouvoir de la sorcellerie est considéré comme une "technique de contrôle social" comme l'énonce A. Schwartz, qui de plus est "transposable du village à la ville" (F.R. Mahieu, 1989b). Qu'ils soient villageois ou ressortissants urbains, tous ont recours à cette pratique, même les catholiques. En Afrique, la communauté se repose sur *"le monde des symboles et de l'imaginaire, dans un univers incertain et répressif qui fonde son autorité*" et trouve son fondement dans le lignage.

Un instrument de cohésion : le lignage.

Chaque individu appartient à une organisation, qui elle-même s'intègre dans un groupe ou une communauté. Une distinction doit être faite entre l'appartenance à un réseau obligatoire et

[87] Cf. Supra « la signification de l'histoire ».

l'appartenance à un réseau non obligatoire. La première se fonde sur l'obédience à un lignage (ou un clan) et concerne le réseau familial. Elle est absolue et dominée par le pouvoir des "anciens" et suit le caractère fondamental du système lignager (patriarcat, matriarcat, etc.). Tandis que la deuxième s'attache au milieu de résidence (local et social). Ce deuxième type de règles fait appel à la bonne volonté des individus et sert d'appui entre individus de la même société. Un rééquilibrage s'opère entre les différentes classes d'âges et au sein du groupe communautaire afin d'assurer l'autorité lignagère.

En Afrique subsaharienne, le caractère ethnique de la communauté, plutôt que la référence géographique (village ou région), détermine l'appartenance d'un individu. Son rang dans la famille et son lignage sont déterminants de sa positon social.

L'un des rôles du lignage est d'assister les individus. Cette assistance se déplace lors de la migration et consiste à garantir un certain nombre de besoins pour maintenir ou élever le niveau de vie des ressortissants. Elle génère une dynamique qui, dans le cadre des relations rural/urbain, se traduit par une interaction entre les deux mondes.

A l'origine de l'apprentissage des individus, le lignage génère le modèle des transactions sociales. Il évolue selon un principe de règles, bâties sur des relations au sein de la lignée, d'entente et de domiciliation. Les réseaux, par essence, dynamiques et variables, se créent spontanément selon la conjoncture, la nécessité. Ils correspondent souvent à des stratégies qui n'ont pu aboutir dans le contexte existant. En conséquence, les individus du lignage vont articuler les règles sociales selon leurs besoins et l'environnement. Les règles ainsi établies concernent l'activité économique de l'ethnie et de la société centrée autour d'elle.

Face à la dispersion géographique, le rôle du lignage change. Si la réduction de sa main mise sur la production est remplacée par l'autonomie du groupe domestique tant dans la production que dans la reproduction, il sert d'intermédiaire entre les deux mondes. Il reste actif et cimente la solidarité dans les divers milieux en occupant un espace économique et social puissant. Ainsi, l'hébergement des migrants, obligation morale des individus, assure le contrôle social des individus et permet d'exercer une surveillance active. Par ailleurs, la création de réseaux de relations village-ville, s'assimile à une continuité du lignage. Elle maintient la cohésion du groupe par un système d'entraide et continue son développement sur plusieurs axes.

Le lien de parenté, indicateur social, exemple moral et culturel, sert de tissu relationnel entre les communautés. La segmentation de la famille étendue par le biais de la migration donne une famille délocalisée dont les liens restent forts. Le village demeure le centre de référence, illustration : les rassemblements organisés lors des fêtes de générations ou lors des funérailles qui drainent les citadins. Ainsi, l'interaction de ces mouvements de population ne peut être dissociée du rôle majeur de l'environnement familial dans sa globalité. Le déplacement des membres de la famille, même s'il se situe dans un espace géographique différent, reste à l'intérieur d'une structure familiale forte dont la référence est le lignage. Même les hauts cadres font ressortir cette valeur *"... tous ici rassemblés vous êtes de parents, pour les uns très proches, pour les autres plus ou moins éloignés, mais tous ici vous êtes des parents."* Discours du ministre de la fonction publique. C'est cette idéologie de la cohésion familiale, de la solidarité entre ses membres, entretenus par la religion traditionnelle (culte des ancêtres), par l'opinion publique, par la peur parfois, (menace de puissances occultes) qui a permis aux villes africaines de faire front - plus ou moins bien- à la pression migratoire.

Une forte augmentation et diversification des arrangements entre les acteurs ressort, que ce soit au niveau local pour l'accès au foncier ou dans les relations ville-campagne pour l'aide. Ces arrangements autorisent, légitiment ou défendent la garantie du niveau de vie actuel dans une conjoncture désavantageuse. De ces

règles résultent des accords entre parties, ils sont conditionnels aux profits qu'ils apportent et ont une valeur de contrat en cas de litige.
Ces contrats dépassent le stade de l'individu, ils répondent à des règles conformes aux choix de la collectivité ainsi qu'à des astuces collectives inspirées et permises par la société pour tirer le plus de profits. Notamment, la stratégie de scolarisation-migration qui modifie la perception de l'enfant. Le départ en ville correspond à un accord (contrat) entre parents et enfants et/ou avec le groupe d'origine en vue de compenser le manque à gagner du fait de leur absence sur l'exploitation. Il obligera les migrants à pallier leur absence par une aide au village. Nous retrouvons ces choix en ce qui concerne le foncier.
Les astuces collectives induisent un élargissement des stratégies d'acteurs possibles et conduisent à une "institutionnalisation" de ces nouvelles pratiques reconnues par tous comme convenables. La modification des règles au cœur du lignage et de la société akyé agit sur la structure du pouvoir de décisions villageoises en déplaçant le contrôle vers le milieu urbain et les ressortissants.

CHAPITRE 4 : LA RECOMPOSITION DES ACTIVITES ET DES POUVOIRS

Conséquence directe de la déliquescence du système de production, l'image des chefs d'exploitation, aux yeux des autres membres de la société, se ternit, notamment auprès des classes les plus jeunes. Le rôle grandissant des relations d'assistance ville-campagne accentue cette dévalorisation. Les enfants désireux de s'expatrier rejettent globalement le métier de planteur et projettent leur idéal sur les ressortissants urbains. Les jeunes qui restent sur les plantations le font, le plus souvent, faute d'autres possibilités. L'impact de l'image des ressortissants, nouveaux acteurs économiques, amplifie le déclin de la considération sociale du milieu paysan. De fait, le pouvoir se déplace progressivement entre les mains d'une classe dirigeante en provenance de la capitale. Devenant les acteurs dominants de la société paysanne, les ressortissants fortunés s'impliquent dans la vie du village :

- au niveau du foncier par la course à la terre,
- au niveau social par leur engagement collectif dans diverses associations ou mutuelles de ressortissants,
- au niveau économique et politique par leur puissance "administrative".

Les cadres urbains deviennent ainsi les notables du village et par voie de conséquence représentent un nouveau modèle social. Les individus restés au village leur opposent peu de résistance, âgés et peu efficaces, ils perpétuent un système dépassé ; plus jeunes mais dépourvus de ressources, ils ne peuvent contrecarrer cette situation. A cela s'ajoute la situation d'assistanat qu'engendre l'aide urbaine.

PLANTEUR FAUTE DE MIEUX

Les effets des mouvements migratoires vont porter sur la population active villageoise jeune. L'influence de cette nouvelle répartition de la population se révèle particulièrement néfaste pour la population agricole. Le départ des éléments les plus jeunes entraîne un vieillissement très net du milieu paysan, sénescence qui s'amplifiera à long terme. D'autant que l'examen des niveaux d'instruction révèle, selon toute logique, la fuite des individus les plus scolarisés, donc des éléments les plus dynamiques, mais également les plus instruits. L'exode des scolarisés, non compensée par une bonne formation des adultes ruraux, apparaît à l'évidence comme un handicap majeur pour une éventuelle modernisation du secteur agricole et ne peut qu'en accentuer le déclin.

Face à l'afflux de main-d'œuvre, qui sature le marché du travail abidjanais, l'Etat ivoirien avait dû s'engager dans une politique de décentralisation et de retour à la terre dès le plan quinquennal 1970-75. La politique d'emploi et d'Ivoirisation mise en place, se proposait d'apporter des solutions aux problèmes de l'emploi en milieu rural par une politique intensive de modernisation. L'insertion des jeunes et leur participation à la mise en valeur du pays figurent au rang des objectifs prioritaires. Les résultats obtenus dans ces domaines contribuent à ralentir l'exode rural et à atténuer l'intensité des problèmes en milieu urbain. De fait, depuis 1980 un mouvement de retour se dessine au niveau national en direction des régions d'origine. Cependant, la tendance à l'urbanisation est telle que les efforts consentis sont insuffisants pour réduire l'excédent de main-d'œuvre en milieu urbain. Dans les villages étudiés, divers facteurs contrarient le retour à la terre : blocage du système de production, saturation démographique et image négative des métiers agricoles. Mais surtout elle ne correspond pas à la stratégie suivie par les groupes domestiques dont les règles et les contrats visent à obtenir une sortie de l'agriculture. Que ce soit au niveau du monde villageois ou du monde urbain, tout est fait pour développer l'insertion urbaine.

Des jeunes planteurs par obligation

Quels que soient leurs antécédents professionnels, les planteurs ne déclarent pas pratiquer ce métier par choix. Ils l'exercent sans réelle motivation, cependant une différence dans le choix apparaît selon l'âge et l'antécédent professionnel des planteurs. Les chefs de ménage de plus de 40 ans appartiennent à la classe d'âge antérieure à l'indépendance, période de scolarisation non prioritaire. Aussi, avons-nous procédé à une classification en deux groupes. Les jeunes, représentés par les individus de moins de 40 ans et les plus âgés, par les plus de 40 ans. Les planteurs de la première catégorie constituent 17 % de la population concernée et sont scolarisés jusqu'au CM2, quand leurs aînés sont en majorité analphabètes. Ces jeunes ont massivement migré avant d'exercer ce métier, 52 % d'entre eux contre 30 % pour les plus de 40 ans. Si 81 % de ces anciens migrants ont eu leur première activité dans l'artisanat et le commerce, la distinction par classe d'âge montre que ce pourcentage atteint 85 % pour les plus de 40 ans, contre 69 % pour la classe inférieure. Par ailleurs, 30 % des jeunes ont vécu une insertion dans le secteur tertiaire pour seulement 9 % des aînés.

La réintégration de ces migrants dans le milieu rural s'effectue le plus souvent en situation d'échec. 43 % de ces individus expliquent leur retour dans l'agriculture par "la conjoncture", soit pour la majorité, un licenciement. Seuls 22 % voient dans cette profession un avenir assuré, tandis que 54 % des sédentaires l'exercent faute d'autre formation. *"Tu vois, si je reste dans la ville "des blancs" et compte tenu de mon niveau d'instruction, j'aurai un salaire dérisoire. Alors, je ne serait pas capable de payer un loyer, je risquerai d'être un véritable parasite dans le foyer de quelqu'un d'autre, cela ne m'honorerait pas. Ma dignité serait bafouée, je me trouverais mal à l'aise. C'est à cause de tous ses problèmes que j'ai préféré venir à la terre pour me créer des plantations".* Il ressort que quelle que soit la catégorie des jeunes planteurs, sédentaires ou non, le monde rural est intégré par obligation.

L'expérience migratoire d'une partie des jeunes planteurs et leur niveau d'instruction, supérieur à celui de leurs aînés, sont autant d'atouts qui devraient agir sur la dynamique culturale. Pourtant, leurs exploitations, généralement de petite taille, sont cultivées selon un mode traditionnel et sans utilisation d'intrants. Les revenus dégagés n'autorisent, ni l'embauche de manœuvres, manque pallié par le recours au composant périphérique, ni un réinvestissement quelconque. Par manque d'argent, ces jeunes ne peuvent ou ne veulent pas dynamiser le système. Ils gèrent "la pénurie" et adoptent une attitude de rentiers, seuls quelques-uns uns font preuve d'innovation sur les parcelles (introduction d'espèce ou de technique nouvelle) ou dans les mentalités (abandon de la coutume des "jours interdits"). Cet état de fait perpétue une situation figée où la nouvelle génération est constituée de jeunes planteurs déçus et démunis.

Les jeunes de retour au village[88], le plus souvent en situation d'échec, viennent requérir une assistance parentale. Passés du milieu scolaire au milieu urbain, ils sont dépourvus de terres et rares sont ceux qui deviendront chefs d'exploitation. Ils s'emploient temporairement comme aide familial ou manœuvre, puis retournent en ville pour une nouvelle tentative d'intégration. Nous avons vu que c'était là l'une des clés de la reconstitution des groupes de type "gnoupin". Cette nouvelle forme d'association avantageuse pour le planteur maintient le jeune dans un état de dépendance.

Les allers et retours entre le village et la ville, loin d'être une succession d'insertions professionnelles réussies, sont la conséquence d'échecs répétés dans la recherche d'une activité stable.

Le retour au milieu d'origine paraît difficile à réaliser, car l'inversion des flux migratoires ou leur stabilisation semble avoir atteint un point de non-retour. Ce mouvement se heurte directement aux stratégies mises en place par les adultes.

[88] Le retour au village de ressortissants ayant passé une partie de leur vie active dans les centres urbains n'est pas un phénomène nouveau. Depuis la fin des années 1980, la situation de crise économique confère à ce retour un caractère contraint et précipité.

Un avenir hors de l'exploitation agricole

La priorité accordée à la scolarisation de la jeunesse ébranle profondément les valeurs de cette société akyé et par voie de conséquence les perceptions que les jeunes ruraux ont de leur milieu d'origine et de la ville. C'est ce que nous avons tenté de comprendre en effectuant une enquête auprès des élèves en CM2 dans les villages. Ces jeunes ruraux par leurs réponses dessinent l'avenir de ce monde agricole et de la société : le retour à la terre déjà très limité va-t-il s'accentuer ? Une nouvelle génération de planteurs s'annonce-t-elle ? Comment les planteurs en général et les jeunes en particulier ressentent-ils la crise ? Nous verrons que si l'image du planteur se dégrade auprès des jeunes scolaires, elle constitue un passage inéluctable pour beaucoup d'entre eux.
Ces enfants, sensibilisés au problème de leurs métiers futurs, nous révèlent leurs rêves de vie et les aspirations de la société paysanne qu'ils reflètent, puisqu'ils se projettent dans le monde des adultes. Ainsi, les aspirations professionnelles de ces adolescents offrent une lecture possible du monde des adultes producteurs et reproducteurs, qui fournissent aujourd'hui leurs références sociales, économiques et idéologiques. A la fin de cette année de scolarité, l'enfant (et ses parents) se trouve confronté à deux choix, migrer pour continuer ses études ou rester au village et se prédisposer au métier de planteur.

Dans leur grande majorité, ces élèves ne désirent pas être planteur car c'est un travail trop fatigant et dévalorisant. Ces enfants expriment l'ambiguïté de la société : ils désirent exercer un métier hors de l'agriculture tout en pensant qu'ils seront contraints de revenir au village. Ceci reflète les premiers effets de la crise urbaine, nombre de leurs frères et sœurs n'ont pas obtenu d'emplois en milieu urbain et vivent sous la dépendance d'un membre de la famille.
Le pouvoir ivoirien a tenté par des campagnes médiatiques de modifier l'image de planteur, mais ceci reste sans réel pouvoir sur les aspirations des jeunes ruraux. Les planteurs jeunes ou vieux,

ainsi que les élèves rejettent ce métier. La déconsidération des aînés par les jeunes villageois de retour en sera l'une des premières répercussions. Ce qui pousse le ministre de la fonction publique lors d'une allocution dans le village à intervenir : "*Ce que vous devez savoir aussi, c'est que finalement, dans la vie tout se regroupe. Beaucoup de vieux ici m'ont approché pour me tenir informé de la façon dont les générations plus jeunes les traitaient avec mépris, avec arrogance, avec dédain*". Faisant le pendant à cet aspect, les ressortissants urbains fournissent la matière aux nouveaux modèles pour les générations montantes. Ils en seront les premiers acteurs dans la transformation de la vie villageoise.
Les pouvoirs politiques auront des difficultés à modifier les mentalités, car elles sont issues d'un apprentissage collectif qui ne peut se modifier en quelques années.

LES CADRES URBAINS ET LE VILLAGE

L'implication des urbains et des élites scolarisées dans les destinées des villages, encouragée par les autorités ivoiriennes, devient chaque jour plus évidente. Ce processus d'acquisition de l'espace pousse les détenteurs de postes à hautes responsabilités d'Abidjan à prendre une part active dans la vie villageoise. Progressivement, ils deviennent les nouveaux acteurs villageois, avec une participation effective aux instances décisionnelles au niveau de la vie villageoise.

Le nouveau pouvoir décisionnel

Les ressortissants concrétisent leur participation au système de droits et obligations par des cadeaux et aides matérielles diverses au sein de leur famille rurale mais également par un rôle actif dans la vie collective villageoise. Une assistance collective, institutionnelle et formalisée conformément aux objectifs des associations ou des mutuelles de développement, est créée et animée par ces ressortissants.

Les premières associations villageoises furent fondées avant 1972. Après cette date, de nouvelles lois situent leur niveau d'intervention dans la sous-préfecture, plutôt que dans le village et les transforment en mutuelles de développement, afin d'éviter le tribalisme, observé dans certaines régions. Ces regroupements sollicitent les ressortissants de tous milieux sociaux. Leur vocation est un soutien au village d'ordre financier, par le biais de subventions et/ou d'encadrement.
Memni abrite l'ASSODEM[89] et Montézo le MUDERZO (Mutuelle des Ressortissants de Montézo). L'adhésion à une association, dans la logique du système des "droits et obligations", représente un contrat entre les ressortissants et le groupe d'origine. C'est une quasi-obligation pour la majorité des individus susceptibles d'y souscrire, aussi le financement des activités associatives s'effectue par le biais de collectes de fonds. *"Ceux qui déclarent n'adhérer à aucune association (28 %) en donnent pour cause le caractère récent de leur venue en ville, qui ne leur a pas encore permis de disposer de revenus suffisants ou de trouver un membre pour les parrainer. C'est plus rarement qu'ils invoquent le peu de confiance qu'elles leur inspirent."* (B. Delpeuch, 1983).
Les groupements organisent périodiquement des manifestations qui rassemblent tous les originaires du village ou de la région et renforcent ainsi une certaine cohésion sociale. La place des funérailles y joue un rôle particulier, elle permet aux ressortissants citadins de montrer leur réussite sociale. La contribution pécuniaire à cette cérémonie, souvent organisée par l'association des originaires, est indispensable et il est difficile de s'y soustraire. Dans de nombreuses régions, il semble que les transferts "*prennent de plus en plus la forme de transferts cérémoniels dans le cadre des funérailles*." (F.R. Mahieu, 1989a). Cependant, il ne faut pas généraliser. Les associations de solidarité sont censées contribuer à

---

[89] **L'UNIon des Originaires de Memni dépose ses textes au Ministère de l'Intérieur en 1967. L'UNION se transforme en ASSODEM dans les années 70 et ne fonctionne vraiment qu'à partir de juin 1985 sous l'impulsion d'un haut cadre abidjanais.**

l'amélioration des conditions de vie rurales et participer à la gestion publique du village, notamment par l'édification d'infrastructures collectives, tels que des dispensaires, des écoles... Aussi les membres actifs, même s'ils représentent un très faible pourcentage de la population migrée, ont une action directement perceptible dans la réalisation de divers travaux d'intérêt public.

Fondées à l'instigation des ressortissants, les associations prennent le relais des acteurs villageois déficients tant dans la chefferie que dans l'agriculture.
Le village choisit un chef[90] dans la classe d'âge en exercice dont les fonctions prennent fin avec celle-ci. Autrefois, gardien des biens de la communauté, le chef de village voyait son autorité incontestée. Actuellement, ses pouvoirs s'amenuisent avec le développement des villages et la centralisation de nombreuses prises de décisions auprès de l'administration. Aussi, le choix du chef s'effectue-t-il toujours selon le degré de notabilité de ce dernier mais aussi selon son niveau d'instruction[91]. Les chefs illettrés sont remplacés progressivement par des lettrés.
Le village de Montézo a connu une longue période de crise dans la chefferie qui a entraîné l'évincement d'un chef trop âgé et illettré. Il *"ne pouvait défendre les intérêts du village auprès des autorités "abidjanaises" puisqu'il devait passer par un interprète. "* Le chef choisi pour lui succéder était jeune et lettré. Notons que la destitution de ce chef avant la fin de son activité a été rendue possible car il avait détourné des fonds destinés au village.
A Memni, le changement de chef de village s'est effectué sans heurts. Les ressortissants villageois, forts influents dans cette localité, ont installé un chef, retraité de la fonction publique en accord avec leurs intérêts. Ce chef, imposé aux villageois, est cependant respecté et craint, car il sait demeurer impartial. De plus,

---

[90] Avant 1896, date d'arrivée de "pères blancs" dans la zone, le chef de village n'existait pas, le chef de génération remplissait ces fonctions.
[91] L'ampleur des démarches auprès des administrations a imposé ce nouveau critère aux villageois afin de défendre efficacement les intérêts du village.

sa participation active à la vie de l'association de ressortissants, dont font partie de nombreuses personnalités politiques et économiques, lui procure divers appuis dans les hautes sphères de l'administration, ce qui lui permet d'œuvrer pour l'évolution du village.
Ces nouveaux critères de choix des représentants des chefferies témoignent des modifications des règles au sein de l'organisation qui reflètent l'influence du monde urbain sur le monde rural et leurs interactions.

Les associations peuvent intervenir par une action de conseil dans les structures villageoises. Notamment auprès des GVC qui constituent l'organe essentiel de la vie économique des villages. D'une manière plus générale, elles ont un rôle moteur en matière de développement agricole. Par leur action, au sein de ces groupements, les cadres émigrés peuvent ainsi s'affirmer en tant que pivot des nouvelles initiatives villageoises. A Memni, depuis 1972, un délégué de l'ASSODEM œuvre au sein du groupement en tant que membre actif, de ce fait, il détient un droit de regard sur la gestion et l'organisation de cette coopérative. Par son intermédiaire, l'ASSODEM participe à la gestion de cette coopérative et l'aide matériellement par une participation financière sous la forme d'avances accordées aux planteurs ou par l'achat de matériel agricole. A Montézo, le GVC demeure aux mains des planteurs.
Les membres de l'association de ressortissants de Memni se réunissent régulièrement afin de dresser un bilan de l'action du GVC et de résoudre les problèmes de quelque nature qu'ils soient. Les planteurs ressentent mal cet interventionnisme des cadres, souvent planteurs "absentéistes". Cet état d'esprit se répercute sur le fonctionnement du GVC, aussi les membres de l'ASSODEM ne parviennent pas à réduire les tensions. Devant les difficultés rencontrées avec les intervenants villageois, certains planteurs et quelques cadres souhaitent la coexistence de plusieurs GVC, mais les instances dirigeantes de l'ASSODEM y sont opposées...

Nous le voyons, l'action des ressortissants se veut très large et interventionniste. Pourtant, dans les textes, les associations ne peuvent se prévaloir que d'un rôle de conseil, elles ne sont pas habilitées à prendre des mesures directives. Lors d'une assemblée de l'ASSODEM à Abidjan, nous avons pu entendre la déclaration suivante : *"le chef de village devra convoquer tous les récalcitrants pour les entendre. En accord avec les responsables de Memni, ils devront ou entendre raison ou quitter leurs champs et le village".* Cette sommation eut des répercussions immédiates sur certains planteurs, qui craignaient des représailles. Le poids politique de quelques ressortissants, notamment du directeur de la sûreté, fit que de nombreux planteurs ont accepté "mollement" les conditions en livrant une partie de leur production au GVC, tout en continuant à vendre à des acheteurs privés.

Les ressortissants de l'ASSODEM sont conscients du pouvoir du GVC et tentent d'agir au maximum dans le village par le biais de ce dernier. Cependant, ils évitent d'aborder le domaine des fonds d'argent, un terrain trop sensible pour les villageois.
Les paysans reconnaissent le bienfait des actions des ressortissants et le fait qu'elles n'auraient pu être réalisées sans les cadres. Néanmoins, les litiges subsistent. Leurs revendications portent surtout sur les dépenses de la chefferie, les constructions d'infrastructures etc., qui sont payées en partie sur les fonds du GVC. Les urbains arguent ne consacrer les bénéfices du GVC qu'au développement du village, dans la mesure où celui-ci est à dominance agricole. Les planteurs préféreraient que cet argent leur soit redistribué. Les cadres estiment ne pas détourner les fonds à leur profit puisque, selon eux, le développement du village passe par une ponction sur le revenu des planteurs, afin de payer pour l'équipement collectif, non envisagés par les villageois. De leur côté, les planteurs soutiennent qu'il n'est pas de leur ressort de financer le développement du village.

Par ailleurs, les villageois accusent les cadres, non à tort, de servir en priorité leurs propres intérêts lors des démarches qu'ils effectuent pour le village. Nous l'avons vu pour les déclassements où les cadres obtiennent des lots sans commune mesure avec ceux des villageois. De ces pratiques naissent des tensions.

Les villageois ont beaucoup de préjugés envers les ressortissants, cependant ils ne peuvent se soustraire aux avantages de leur assistance. Cette attitude conforte les ressortissants dans leur déconsidération, ils estiment que leurs "parents" sont paresseux et ont besoin de leur aide. Les membres de l'équipe de l'ASSODEM sont ainsi amenés à se considérer comme des éducateurs.
Le consentement des individus dans l'appartenance à un certain système de valeurs, leur approbation des règles mises en place, leur identification à la communauté et à la nouvelle hiérarchie sont autant d'éléments qui transforment les relations entre les individus dans l'organisation ou entre organisations.

Le pouvoir foncier

"Concernant le foncier, la stratégie adoptée par les cadres émigrés en ville est de mettre en valeur le maximum de surfaces dont ils peuvent disposer en utilisant à leur profit les déclassements successifs de forêt primaire ; non pas tant pour augmenter leurs revenus actuels que pour s'assurer rapidement le contrôle de la plus grande superficie possible." (C. Faussey-Domalain - P. Vimard 1989). On assiste à une main mise, des planteurs "absentéistes" sur les derniers biens fonciers disponibles. Les terres ainsi obtenues sont rapidement mises en exploitation, pour éviter l'empiétement des planteurs villageois.
La dynamique culturale des ressortissants urbains, bien qu'appliquée à de très grandes superficies, est identique à celle des villageois. Ils occupent l'espace sur une base de culture extensive. Leur pouvoir financier leur permet d'utiliser plus d'intrants et ils emploient des manœuvres tout au long de l'année. Généralement, un membre de leur famille villageoise, qu'ils rémunèrent, assure la coordination des travaux sur leurs exploitations. Les plantations procurent une source de revenus supplémentaire, aussi adoptent-ils

une stratégie de possession de l'espace et de gestion au jour le jour. Nous noterons toutefois que l'attitude des ressortissants varie quelque peu d'un individu à l'autre.

La présence physique des ressortissants se traduit également par la construction de résidences "en dur", pour eux et leur famille. De cette façon, ils extériorisent leur réussite sociale, font état de leur puissance économique et politique et prouvent leur attachement au village. Quelques cadres, soucieux d'éviter la sollicitude quotidienne de leur communauté d'origine, s'éloignent de leur village et s'installent dans une unité de peuplement voisine, notamment Alépé. S'ils prennent part à la vie du village, leur éloignement géographique leur permet de ne venir en aide qu'à leurs plus proches parents !

L'évincement de la chefferie

"En ce qui concerne les pouvoirs politiques au sein du village, l'action des associations d'originaires dans le développement des infrastructures, mais aussi dans l'organisation des structures d'encadrement (des jeunes, des planteurs...) est de plus en plus déterminante, grâce aux moyens financiers qu'elles peuvent mobiliser, et à leur position "d'interlocuteurs privilégiés" des pouvoirs administratifs. Les cadres qui les animent deviennent ainsi des membres prépondérants du pouvoir local[92]" (C. Faussey-Domalain - P. Vimard, 1989).
Le pouvoir économique des cadres urbains, adjoint au pouvoir politique, permet de réaliser un certain nombre de travaux. Les villageois ne financent qu'en partie ces projets de grande ampleur, ce sont les associations qui demeurent les principaux bâilleurs de

[92] Ce phénomène correspond à la volonté de l'État d'une décentralisation des finances publiques qui représente l'un des éléments majeurs des plans d'ajustement structurels. En voulant transférer le poids des investissement publics sur les utilisateurs, l'Etat augment les charges des associations de développement villageoises constituées par les ressortissants urbains (F.R. MAHIEU, 1989 b), mais il en accroît également, comme on le voit ici, le rôle et le pouvoir d'intervention.

fonds. Dans le cas de Memni, c'est l'Etat par le biais de ces ressortissants. "*Ça veut dire qu'au niveau de Memni, nous devons commencer à nous aider nous même et l'Etat viendra nous aider à terminer ce que nous avons commencé*" déclare toujours notre Ministre villageois.
Les travaux d'intérêt public induisent considérablement le développement du village. A Memni, ils se concrétisent par la construction d'une poste, d'un foyer de la femme et du logement de la sage-femme, la prévision de construction d'un lotissement... L'entretien annuel et la réfection de l'infrastructure routière ne peut être réalisée que grâce à l'intervention du Ministre de la Fonction Publique, qui fait travailler les employés de son ministère. Dans le village de Montézo, la construction d'un dispensaire est également due à ces cadres ressortissants.
Au rôle d'intermédiaire entre le village et la ville, "*Le Ministre, que je suis, essaye de jouer son rôle, c'est-à-dire celui de conciliateur*", se voit adjoint celui de décideur, puisque de nombreuses décisions villageoises sont prises par les ressortissants. Le même ministre déclare : "*En effet, il m'arrivera quelquefois, peut-être plus souvent, d'avoir à imposer (il faut utiliser les termes tels qu'ils sont) un certain nombre de choses pour la bonne marche des affaires du village.*"

Nous le voyons, les cadres et leurs associations décident de l'avenir de leur village. Ils servent d'intermédiaire, donnent les directives et font la liaison avec la société urbaine. Ce qui induit que, désormais, la plupart des transactions importantes du village transitent par les cadres urbains qui s'affirment comme leaders en participant au pouvoir local. Leur influence politique va jusqu'à la prise d'importantes décisions, sans consultation préalable des intéressés.
Les ressortissants, qui considèrent avoir vécu un parcours exemplaire, se donnent pour "mission" d'aider le village. Ils estiment être les nouveaux <u>décideurs</u> et le sont dans les faits. Un dirigeant de l'ASSODEM pense que d'ici 5 à 10 ans l'évolution de

son village sera positive, puisque "l'extension du village devrait entraîner son développement". Ces cadres agissent en faveur de leur lieu d'origine, mais aucun d'entre eux ne vient vivre au village ou n'y envoie ses enfants ou un autre membre de la famille.

L'idéal de vie dans le monde paysan est rejeté par tous. Des générations sans parents au village apparaissent, dont les individus font partie d'associations de ressortissants et participent activement au développement de leur localité d'origine car le "principe de réputation" implique le maintien de l'aide au village.
Une réorganisation des relations apparaît et la société villageoise de cette ancienne région pionnière parvient à se perpétuer grâce à l'assistance de ses expatriés urbains, mais au prix de dépérissements croissants (vieillissement des chefs de ménage, exil des individus les plus instruits...).
Les citadins font partie de la première ou de la deuxième génération des enfants de planteurs migrants, leurs liens de parenté avec le village sont très forts. La proximité géographique d'Abidjan rend le système de droit et d'obligation très prenant. Les contacts de proximité sont fréquents et annulent les dissolutions potentielles de la séparation. Tout un système de contacts parentaux a su renforcer durablement les liens existants, que ce soit par le biais du confiage des enfants ou par le mariage des filles.

L'évolution de l'agriculture villageoise de plantation s'analyse en fonction du déplacement du pouvoir de décision au sein de la société et du lignage. Ce développement correspond à une réponse de la société face aux modifications de l'environnement contextuel et de ce fait à un apprentissage organisationnel de la société qui modifie son mode de fonctionnement. L'identité et le fonctionnement de cette société ne s'effectuent pas sans modification au sein du pouvoir de décision et des mécanismes de régulation. Plusieurs mondes s'affrontent et chacun revendique ses droits. Nous assistons à une modification des règles et des contrats au sein du système de droits et obligations et de la parenté.

Cette stratégie basée sur une insertion intense dans la ville sera-t-elle sans retombée ? N'assistons-nous pas à un déplacement des centres de décisions assignant une nouvelle place à chaque acteur ? En définitive, assisterons-nous à un redéploiement ou une dissolution de cette société ?

CONCLUSION

LES MONDES QUI S'ENTRECROISENT

Faute de pouvoir assurer le maintien et le développement de leur système de production, les paysans akyé des villages de Memni et Montézo ont imaginé de nouvelles stratégies basées sur la scolarisation puis sur l'exode de leurs enfants. La proximité géographique et son importance économique vont naturellement en désigner Abidjan comme point de chute. Les bases de ces mouvements furent jetées dans un premier temps par les missionnaires chargés de l'évangélisation, qui instaurèrent une scolarisation précoce. Les plantations en phase de productivité forte, dans une période de cours rémunérateurs, ont pu favoriser l'envoi des jeunes enfants dans le circuit scolaire. La réussite des premiers scolarisés, qui trouvèrent des emplois valorisants, était un gage de la pertinence des stratégies mises en place. Ensuite, l'ampleur de l'expansion économique de la ville justifiera pendant longtemps des besoins importants en main-d'œuvre qualifiée. Avec la croissance spatiale et fonctionnelle de l'agglomération Abidjanaise et l'insertion de leurs élites scolarisées dans les activités urbaines, les populations de ces villages se sont ainsi de plus en plus intégrées aux sphères de la ville et de l'Etat tout en restant inscrites dans le monde rural.

Face aux nouvelles stratégies, le modèle de comportement des organisations n'est pas statique et cumulatif mais évolutif. Il est déterminé par le contexte environnemental et s'identifie à la période de vie des individus. Donc, "*L'efficacité cognitive des règles organisationnelles des ménages est un élément déterminant de leur situation. En effet, soit elles permettent effectivement une adaptation créative aux modifications de l'environnement, par la construction de nouveaux dispositifs organisationnels au sein du ménage et dans ses rapports avec son environnement : soit cela leur est impossible et il y a un risque de disparition ou de désagrégation de l'unité domestique concernée.*" (D. Requier-Desjardins, 1994). Selon le contexte historique local, l'appartenance ethnique et les liens sociaux préexistants entre les deux acteurs de l'échange, les règles du jeu de la négociation sont variables, ainsi que l'issue de la négociation. En se situant dans la logique d'O. Favereau et dans celle de la théorie standard étendue, on peut considérer que les choix des organisations s'appliquent également aux particularités de la coordination de leurs accords. Dans cette optique, les règles sont des contrats et les groupes domestiques sont des nœuds de contrats. Certains contrats lient les membres du ménage entre eux, d'autres les lient à des acteurs extérieurs. Néanmoins, ils sont tous soumis à des processus de renégociation.

Les contrats de travail sur la plantation sont modifiés. Les enfants, main d'œuvre traditionnelle, sont destinés au monde urbain et ce départ n'est pas compensé par un recours au salariat. Une forme de contrat implicite apparaît dans la notion d'assistance entre monde rural et urbain.

"Les contrats implicites sont l'équivalent des accords non contraignants de la théorie des jeux : ils permettent d'éviter les effets de cavalier libre ou favorisent des comportements efficients (Garnier, 1986). Le contrat optimum est celui par lequel ils maximisent leur espérance mathématique dans l'utilité (Stieglitz). Dés lors que les agents ne sont pas dotés d'une même information, les contrats peuvent avoir un caractère incitatif.» (M. Sebillotte - L.G. Soler, 1990).

Les transferts issus des contrats passés entre les différents mondes permettent de rééquilibrer la différence ville/campagne. "Les transferts directs ne sont qu'une partie des obligations que tout ressortissant, jeune ou vieux, doivent entretenir vis-à-vis de sa communauté. Les transferts indirects, loin de disparaître avec les générations urbaines, augmentent avec le revenu et la sécurité. De façon générale, le statut socio-familial détermine un réseau de contraintes, largement soutenu par un environnement répressif et incertain. Cette conception élargie amène à revoir dans ce domaine les préjugés utilitaristes des économistes et, par rapport aux démographes, l'antériorité des migrations par rapport à la création des obligations communautaires. L'enjeu de cette analyse est important en Afrique dans un moment de crise et d'ajustement

structurel où les relations ville/campagne fondent les politiques économiques. Le système de droits et obligation, s'il amortit les effets sociaux de la croissance, amplifie au contraire les conséquences sociales d'une déflation prolongée. » (F.R. Mahieu, 1989b). Ces transferts profiteront essentiellement au milieu rural qui pourra s'appuyer sur la solidarité urbaine pour pallier son manque d'argent. Cette spécificité africaine trouve son origine dans les coutumes et à su se maintenir au cours du temps.
La crise économique qui frappe la Côte-d'Ivoire, liée en grande partie à la chute des cours de ses cultures arbustives, a entraîné une récession de ses activités économiques. Les migrants, parfois dans des situations d'emploi précaire, ressentent directement les effets de cette crise sur leur niveau de vie. L'une des conséquences immédiates sera leur volonté de réduire leur aide au village. Ils deviennent de plus en plus hostiles au fait de supporter la charge de la scolarisation des enfants du village et les demandes d'assistance répétées de leur parenté. Actuellement, face aux contraintes imposées par la crise économique qui touche en même temps les secteurs urbain et rural, le village bénéficie des aides fournies par ses ressortissants installés en ville. Cette assistance se manifeste individuellement sous forme de dons, hébergement des scolaires, numéraire... Hormis le prestige qu'elles apportent aux donateurs, ces contributions appellent également en retour des services divers tels que le confiage des enfants.

Les comportements des ménages face aux systèmes d'incitations s'interprètent comme le produit de l'équilibrage de deux règles en interdépendance qui ressort de deux "mondes" différents. Un milieu difficilement identifiable apparaît dans la mesure où les individus dépendent d'espaces de vie qui s'entrecroisent ou "mondes" naturels selon L. Boltanski et L. Thévenot (1991). Pour eux, ces mondes sont des "espaces de justification" qui se reconnaissent dans des hypothèses comparables. De cette confrontation découle un équilibre qui peut être l'aboutissement d'un compromis. L'équilibrage de règles au sein de la société étudiée correspond à un compromis entre des règles relevant de "principes de justification" différents. Le croisement entre monde domestique et marchand est une des caractéristiques de l'économie de plantation villageoise. Les organisations concilient le principe de "réputation" relevant du premier monde avec celui de compétition relevant du second monde. Des *"tensions critiques"* peuvent exister lorsque la coordination renvoie en même temps à plusieurs *"espaces de justification"*. L. Boltansky et L. Thévenot définissent alors l'opération de compromis qui cherche à *"dépasser la tension critique entre deux mondes, en visant un bien commun qui ne relèverait ni de l'un, ni de l'autre, mais qui les comprendrait tous deux."* Cependant, les règles d'ordre domestique sont souvent prioritaires sur celles des autres mondes.

Les transactions sur la terre et sur la force de travail incorporent une diversité de codifications conventionnelles et sont le résultat d'interactions complexes, entre des schémas de coordination préétablis et les stratégies des acteurs. Dans cette perspective, l'évolution des conditions d'accès aux facteurs de production pourra être assimilée à des phases de transition vers de nouvelles configurations de négociation, reposant sur de nouvelles formes de coordination et traduisant une capacité d'adaptation aux changements de l'environnement contextuel. Dans un même temps, les règles d'acquisition foncière se trouvent modifiées. Elles découlent de la raréfaction de la forêt et du contexte local. On assiste à une évolution des modes de coordination et à une modification des routines organisationnelles, notamment dans le mode d'appropriation avec la montée progressive du clientélisme.

Dans cette société paysanne où la détention d'une plantation était synonyme de réussite, le pouvoir reposait sur la terre et les planteurs les mieux pourvus, en constituaient l'élite. Désormais, la terre perd de son importance et est supplantée dans le système de valeur par l'éducation. L'agriculture devient surtout le refuge des individus en situation d'échec. Cette dépendance conduit également à une redéfinition des pouvoirs familiaux et villageois et à une intervention croissante des groupes émigrés originaires du village dans la gestion des affaires locales. Cette société villageoise reste désormais en position de dépendance et d'intégration croissante à la société urbaine. *"Qu'elle se manifeste sous forme privée ou collective, au sein de la famille ou d'association, cette assistance conduit à une dépendance des villageois au plan financier stricto sensu, mais aussi quant au développement économique et social du village qui se trouve le plus souvent subordonné à l'impulsion et au financement des cadres originaires émigrés en ville."* (C. Faussey-Domalain - Vimard P. 1991). Les options des planteurs et les villageois s'engagent dans une relation de dépendance de plus en plus marquée vis à vis du monde citadin. Notamment pour l'aide, qu'elle se situe au niveau financier ou des services divers (hébergement...). Ces stratégies de sortie de l'agriculture se retournent contre les villageois avec l'amplification de la crise économique dans les villes et l'obligation d'accueillir des chômeurs sur un terroir soumis à une pression foncière accrue.

Tant que le système de production était capable de fournir un revenu, les planteurs restaient maîtres de leurs stratégies. Ainsi, se sont développés des réseaux familiaux et sociaux bipolaires, autour desquels s'est organisé la circulation des personnes et des biens entre la campagne et la ville. Ces schémas ont également des répercussions sur la physionomie de ces deux mondes par le jeu des relations réciproques. Désormais, les individus de monde urbain se partagent la compétence avec les notables villageois, ce qui crée des antagonismes locaux et modifient les indices de références d'appartenance à une société. De nouvelles stratégies apparaissent et entraînent de nouveaux rapports entre les individus et entre les sexes.
La famille du planteur se retrouve éclatée entre deux pôles, a priori bien séparés : la ville et les villages. Malgré ce qui apparaît être une cassure géographique, les liens entre ces deux mondes sont bien réels et se traduisent par des échanges continus : personnes, approvisionnement, dons divers... Cette structure multipolaire

"s'apparente à une occupation de l'espace économique, social voire religieux. La migration est, au moins par certains côtés, une stratégie utilisée par les groupes familiaux pour maintenir, malgré les contraintes que leur imposent des économies désarticulées, l'objectif ultime des lignages : se développer tout en sauvegardant la cohésion et la solidarité de ses membres." (TH. Locoh, 1987).

L'appartenance à un groupe n'est pas seulement destinée à s'identifier et à se reconnaître au sein d'une société, cela permet aussi de gérer la vie collective. Les individus influent ainsi sur leur environnement grâce à cette structure de parenté, car cette appartenance au lignage, à l'ethnie, permet de s'assurer sur l'incertain. L'incertitude des prestations et des sanctions associées au système des droits et obligations communautaires peut expliquer la relative rigidité des règles internes au ménage et l'autonomie relative des budgets qui serait alors un moyen relatif de garantie des autres membres du ménage contre les engagements d'un des membres vis à vis de l'extérieur. Toutes les règles et contrats qui en découlent sécurisent les individus. Les réseaux sociaux permettent de pallier le problème de l'information imparfaite et de réduire les coûts de fonctionnement des unités domestiques, en diminuant les coûts de transaction et d'organisation pour le maintien et le développement de cette organisation. En effet, chaque individu détient des informations spécifiques qu'il communique au reste du groupe, ce qui permet de diminuer l'asymétrie informationnelle au sein de l'organisation.

Le lignage crée le liant entre le milieu social et les groupes domestiques quelle que soit son installation géographique. Il assure les contrats entre les différentes organisations car il permet le contact et la confiance. C'est au cours du temps, que les liens se construisent et de ce fait le lignage est un garant du sérieux et permet l'action sur du long terme. Le lignage développe des mécanismes extérieurs au monde industriel et artisanal et réagit à l'évolution de la société sans pour autant se mettre en marge du marché, d'où le système de droits et obligations.

Les unités familiales sont ainsi caractérisées par la forte influence du monde domestique sur le reste des mondes. Les contrats passés au sein du système lignagier dépassent les obligations du monde industriel et marchand. "*Appartenant à plusieurs cités les entrepreneurs africains privilégient les cités domestiques les conduisant à redistribuer aux membres des réseaux d'appartenance une partie du cash flow ou à privilégier l'embauche de "parents" aux dépens de l'emploi des compétences).*" O.Favereau, 1995. Ainsi, «*le déclin d'une organisation économique est rarement inéluctable et intégral. La dissolution d'une organisation se traduit plutôt par la reprise de certains de ses éléments par d'autres organisations, donc par son remembrement. En outre, il arrive très fréquemment qu'une organisation ne se dissolve pas, mais se régénère par modification de ses structures, de sa technologie, de ses composantes humaines, de ses stratégies (Kotter, 1978). Ainsi, naît une «nouvelle» organisation, et redémarre un cycle de vie.*» C. Ménard, 1993.

REFERENCES BIBLIOGRAPHIQUES

ADDOU A., 1986, Migrations et déplacements de la population de Memni et Montézo, Rapport de stage, *E.N.S.E.A.*, Abidjan, 57 p.

AFFOU Y., 1979, *Planteurs absentéistes de Côte-d'Ivoire*, coll. Travaux et Documents, n°

ANTHEAUME B. 1982 -"Ne dites pas à mon patron que je vends des produits vivriers il me croit planteur de café", *Économie rurale*, n° 147-148, p. 120-122

ARROW K.J., 1974,- "*The limits of organization*", New York, Norton

ARROW K.J., 1987, "De la rationalité - de l'individu et des autres - dans un système économique ", *Revue française d'économie*, vol. 2, n° 1, pp.22-47

BADOUIN R., 1987-"L'analyse économique du système productif en agriculture", *Cahiers de Sciences Humaines*, vol. 23 n°3-4, pp. 357-366.

BOLTANSKI L. - THEVENOT L. - 1987 - *"Les économies de la grandeur."* Paris, Presses Universitaires de France, 361 p.

BOLTANSKI L. - THEVENOT L.-1991- *"De la justification. Les économies de la grandeur."* Paris, Gallimard essais, 485 p.

BROSSIER A. CHIA E. MARSHALL E. PETIT M. 1990 *"recherches en gestion : vers une théorie de l'exploitation agricole"*, in Modélisation systémique et système agraire, INRA, Paris, pp. 65-92.

CAHUC P., 1993, *La nouvelle micro-économie*, coll. repères, Ed. La Découverte, juin,

CHALEARD J.L., 1981-"Occupation du sol et immigration en pays abé département d'Agboville -Côte-d'Ivoire,_*Cahiers ORSTOM de Sciences Humaines*, vol. XVIII, n° 3, 1981-1982, p. 271-293

CHALEARD J.L. 1987-"La place des cultures vivrières dans les systèmes de production en agriculture de plantation : le cas du département d'Agboville Côte-d'Ivoire", *Cahiers ORSTOM de Sciences Humaines*, vol. XVIIII, n° 1, p. 35-50

CHAUVEAU J.P. 1990-"Crises, ajustements et recompositions en Côte-d'Ivoire : la remise en cause d'un modèle", Abidjan, 28 novembre-2 décembre, 21 p.

CHAUVEAU J.P., 1979-"Economie de plantation et "nouveaux milieux sociaux", *Cahiers ORSTOM de Sciences Humaines*, vol XVI, n° 1-2, 1979, p. 59-82.

REFERENCES BIBLIOGRAPHIQUES

ADDOU A., 1986, Migrations et déplacements de la population de Memni et Montézo, Rapport de stage, *E.N.S.E.A.*, Abidjan, 57 p.

AFFOU Y., 1979, *Planteurs absentéistes de Côte-d'Ivoire*, coll. Travaux et Documents, n°

ANTHEAUME B. 1982 -"Ne dites pas à mon patron que je vends des produits vivriers il me croit planteur de café", *Économie rurale*, n° 147-148, p. 120-122

ARROW K.J., 1974,- "*The limits of organization*", New York, Norton

ARROW K.J., 1987, "De la rationalité - de l'individu et des autres - dans un système économique ", *Revue française d'économie*, vol. 2, n° 1, pp.22-47

BADOUIN R., 1987-"L'analyse économique du système productif en agriculture", *Cahiers de Sciences Humaines*, vol. 23 n°3-4, pp. 357-366.

BOLTANSKI L. - THEVENOT L. - 1987 - *"Les économies de la grandeur."* Paris, Presses Universitaires de France, 361 p.

BOLTANSKI L. - THEVENOT L.-1991- *"De la justification. Les économies de la grandeur."* Paris, Gallimard essais, 485 p.

BROSSIER A. CHIA E. MARSHALL E. PETIT M. 1990 *"recherches en gestion : vers une théorie de l'exploitation agricole"*, in Modélisation systémique et système agraire, INRA, Paris, pp. 65-92.

CAHUC P., 1993, *La nouvelle micro-économie*, coll. repères, Ed. La Découverte, juin,

CHALEARD J.L., 1981-"Occupation du sol et immigration en pays abé département d'Agboville -Côte-d'Ivoire,_*Cahiers ORSTOM de Sciences Humaines*, vol. XVIII, n° 3, 1981-1982, p. 271-293

CHALEARD J.L. 1987-"La place des cultures vivrières dans les systèmes de production en agriculture de plantation : le cas du département d'Agboville Côte-d'Ivoire", *Cahiers ORSTOM de Sciences Humaines*, vol. XVIIII, n° 1, p. 35-50

CHAUVEAU J.P. 1990-"Crises, ajustements et recompositions en Côte-d'Ivoire : la remise en cause d'un modèle", Abidjan, 28 novembre-2 décembre, 21 p.

CHAUVEAU J.P., 1979-"Economie de plantation et "nouveaux milieux sociaux", *Cahiers ORSTOM de Sciences Humaines*, vol XVI, n° 1-2, 1979, p. 59-82.

CHAUVEAU J.P., 1985-"L'avenir d'une illusion", *Etudes Rurales*, n°99-100, juillet-décembre 1985, pp. 281-325.

CHAUVEAU J.P. et DOZON J.P. 1985-"Colonisation, économie de plantation et société civile en Côte-d'Ivoire", *Cahiers ORSTOM-Sciences Humaines*, vol.XXI, n°1, pp. 63-80

CHAUVEAU J.P. et DOZON J.P. 1987-"Au coin des ethnies Ivoiriennes...L'État.", dans "*L'Etat contemporain en Afrique*", Paris, L'Harmattan, coll. Logiques Sociales, pp. 221-296.

CHAUVEAU J.P. et RICHARD J. 1983-Bodiba en Côte-d'Ivoire Du terroir à l'état : petite production paysanne et salariat agricole dans un village gban, Atlas des structures agraires au sud du Sahara 19, ORSTOM, Paris 1983, 119 p.

COLIN J. Ph. 1990-"Regard sur l'institutionnalisme américain" *Cahiers ORSTOM sciences humaines*, Vol. 26, n° 3, pp. 365-377

COLIN J.Ph. 1990a-La dynamique des systèmes productifs agricoles en Basse Côte-d'Ivoire : analyse économique" *Edit. de l'ORSTOM* , coll. "colloques et séminaires", Paris 1990, pp. 165-190

DE FINA C. 1994 - "Rapports de pouvoir, relations clientélistes et conventions dans l'accès aux facteurs de production an agriculture de plantation ivoirienne", Colloque international GIDIS-CI-ORSTOM, *Crise, ajustements et recompositions en Côte-d'Ivoire : la remise en cause d'un modèle*, 28 novembre - 2 décembre 1994, Abidjan Côte-d'Ivoire, séance n° 3, pp.43-53.

DE FINA C. 1995-"Le contrat de travail dans un univers complexe - Conventions et contrats en agriculture de plantation ivoirienne", Thèse de doctorat en agronomie tropicale, ENSA Montpellier, 2 vol., 1995, 439 p.

DELPECH B. 1983-"La solidarité populaire Abidjanaise en chiffres et en dire", *Cahiers ORSTOM Sciences Humaines*, vol.XIX, n°4, pp. 551-566.

DOZON J.P. 1985-*La société Bété, Côte-d'Ivoire*, Paris, édition de l'ORSTOM et Karthala, 367 p.

FAUSSEY C. 1987-"*Les structures de production et les dynamiques familiales* : dans le cadre de l'observatoire de population des villages de Memni et Montézo Sud-Est Ivoirien", ORSTOM-Petit-Bassam, février 1987, 18 p.

FAUSSEY-DOMALAIN C. et VIMARD P. 1989-"Nouveaux comportement des planteurs Akyé en milieu rural péri-urbain approche démo-économique", *Xème Séminaire d'économie rurale des régions chaudes*, Montpellier France, 11-15 septembre 1989.

FAUSSEY-DOMALAIN C. et VIMARD P. 1991-"Agriculture de rente et démographie dans le Sud-Est ivoirien-Une économie villageoise assistée en milieu forestier péri-urbain", *Revue Tiers Monde*, t XXXII, n° 125, Janvier-mars 1991, pp. 93-114.

FAUSSEY-DOMALAIN C. *1996 Une économie villageoise assistée en milieu péri-urbain,* thèse de doctorat, Université de Versailles-Saint-Quentin en Yvelines, 414 p.

FAVEREAU O. 1989a "marchés internes, marchés externes" *Revue économique*, n° 5, 1989, pp.273-328

FAVEREAU O. 1989b " Vers un calcul économique organisationnel ?" *Revue économique et politique",* n°2, mars-avril 1989, pp. 322-354

FAVEREAU O. 1992 "Règles préliminaires sur la question du développement et de l'économie des conventions « in « *Instabilités, incertitudes et efficience des organisations africaines»*, propos d'étape, CERED/LAREA/ILMO, Paris X-Nanterre, p.67-90.

FAVEREAU O. -THEVENOT L. 1991, « Réflexions sur une notion d'équilibre utilisable dans une économie de marché et d'organisations », Ronéo, ERMES/EHESS, 40 p.

FOSTER, 1987, "*Evolutionnary Macroeconomics»,* Univin Hymann, London.

GASTELLU J.M., 1978 - «Mais où sont donc ces unités économiques que nos amis cherchent tant en Afrique ?», ORSTOM Petit Bassam, 32 p.

GASTELLU J.M. 1980 -*Une économie du trésor : les grands planteurs de MORONOU* I. Fastes Agni, ORSTOM Petit Bassam, juillet 1980.

GASTELLU J.M. 1981- II. *Organisation économique*, ORSTOM Petit Bassam, avril 1981 134 p.

GASTELLU J.M. 1982 -III. *La formation des plantations*, ORSTOM Petit-Bassam, mai 1982, 119 p.

GASTELLU J.M. 1984 -IV. *Le fonctionnement des plantations*, ORSTOM, décembre 1984, 168 p.

GASTELLU J.M. 1989 -*Riches paysans de Côte-d'Ivoire*, L'harmattan, 1989, 178 p.

GUILLAUME A. 1988, *Santé de la reproduction en pays Akyé*, ORSTOM, Abidjan, 85 p.

HUGON Ph.1995 -"Les petites entreprises africaines au regard de l'analyse institutionnaliste" colloque petites entreprises agro-alimentaires, CIRAD, Montpellier, 19 et 20 octobre 1995, 19 p.

JALLAIS S.1992-"Biens et incertitude ; coordination et décisions en milieu incertain", in Découverte de la Microéconomie, *Les cahiers Français,* n° 254, janv. -

LOCOH Th. 1987-"Le rôle des familles dans l'accueil des migrants vers les villes africaines", *Actes du séminaire CRDI-ORSTOM-URF Lomé 10 - 14 Février 1987,* Collection colloques et séminaires, Paris, ORSTOM, pp.21-31

LOCOH Th. 1988-"Structures familiales d'accueil des migrants et développement des structures familiales multipolaires en Afrique ou "et si migrer c'était aussi créer des liens", *Communication aux 3ème journées Démographiques de l'ORSTOM,* Paris, 20-22 septembre 1988

LOSCH B. 1989-"Mise en place d'une opération de recherche développement en zone tropicale humide" Montpellier, CIRAD-DSA, 1989/29, 20 p.

LOSCH B. 1994 - "A la recherche du chaînon manquant. Pour une lecture renouvelée de l'économie de plantation ivoirienne", Colloque international GIDIS-CI-ORSTOM, *Crise, ajustements et recompositions en Côte-d'Ivoire : la remise en cause d'un modèle,* 28 novembre - 2 décembre 1994, Abidjan Côte-d'Ivoire, séance n° 2, pp.28-42.

MAHIEU F.R. 1988 -"La différenciation sociale en Afrique de l'ouest face aux droits et aux obligation", *Séminaire d'économie publique,* Université Nationale de Côte-d'Ivoire, Abidjan, Mai 1988, 15 p. collaboration avec ONDOUFA A.

MAHIEU F.R. 1989a - Principes économiques et société africaine, *Revue tiers Monde*, 1989 a, t. XXX, n° 120, octobre-décembre 1989, pp. 725-753

MAHIEU F.R. 1989b -Transferts et communauté africaines, *STATECO,* 1989b, n°58-59, pp. 107-136

REFERENCES BIBLIOGRAPHIQUES

MAHIEU F.R. 1990 -*Les fondements de la crise économique en Afrique*, L'Harmattan, coll. Logiques Économiques, 196 p.

MARGUERAT Y. 1985-"Les jeunes délinquants d'Abidjan. Une première approche quantitative", *Cahiers ORSTOM Sciences Humaines*, vol. XXI, n° 2-3, pp. 373-381

MENDRAS H. 1978-*"sociétés paysannes"*, Armand Colin, Paris, 235 p.

Ministère de l'agriculture et des eaux et forêts de Côte-d'Ivoire 1988- *Annuaire rétrospectif de statistiques agricoles et forestières* 1900-1983, 3 tomes.

Ministère de l'économie et des finances 1988-*La Côte-d'Ivoire en Chiffres, édition 86-87*, Ed. Inter Afrique presse, Abidjan, 1988, 220 p.

PAULME D. 1971-"Les classes d'âge dans le Sud-Est de la Côte-d'Ivoire aux fluctuations démographiques" *Cahiers d'Etudes Africaines*, éd. D. PAULME, Paris, Plon, pp. 205-285

REBOUL C. 1976-"Mode de production et systèmes de culture et d'élevage" *Économie Rurale*, n°112 mars-avril 1976, pp. 55-65.

REQUIER-DESJARDINS D. -1992- " Le comportement des acteurs dans les filières agro-alimentaires en Afrique SubSaharienne : essais d'interprétation par les concepts de l'"économie des organisations", Communication présentée au XIIIème Séminaire d'Économie et Sociologie du CIRAD, *Economie institutionnelle et agriculture*, 1992, Montpellier, 19 p.

REQUIER-DESJARDINS D. -1994-"L'"économie des organisations et l'analyse du comportement des unités domestiques en Afrique SubSaharienne ?" *Economie Appliquée*, n° 4, tome XLVI, 1994, pp. 105- 131

REQUIER-DESJARDINS D. 1995- "Marché, organisation, "équilibrage de règles" : propositions pour une méthodologie d'approche des agro-industrie rurales dans les pays en voie de développement" Colloque petites entreprises agro-alimentaires, Montpellier, 19 et 20 octobre 1995, 17 P.

ROUGERIE G.1985 "Les pays Agni du Sud-Est de la Côte d 'Ivoire" *Études Éburnéennes,* VI, IFAN, 1985, pp.7-207

RUF F., 1988-*Stratification sociale en économie de plantation ivoirienne*, Thèse de doctorat de l'Université de Paris X U.E.R. de géographie, 6 volumes, décembre 1988.

RUF F. 1994 - "les cycles du cacao en Côte-d'Ivoire. La remise en cause d'un modèle», Colloque international GIDIS-CI-ORSTOM, *Crise, ajustements et recompositions en Côte-d'Ivoire : la remise en cause d'un modèle*, 28 novembre - 2 décembre 1994, Abidjan Côte-d'Ivoire, séance n° 2, pp.53-59.

SEBILLOTTE M. SOLER L.G. 1990 "les processus de décisions des agriculteurs", in Modélisation systémique et système agraire, INRA, Paris, pp. 93-118.

SIMON H.A. 1955-"A behavorial model of rational choice" *Quaterly Journal of Economics*, n° 69, pp. 99-118

STIGLITZ J - 1987- "The causes and conséquences of the dependence of quality on price" *Journal of Economics Literature*, 25 P. 1-48

TCHAYANOV 1990-*"Organisation de l'économie paysanne"*, Librairie du regard.

TRAORE A. et ANTOINE Ph. 1985-"Croissance économique et modèles familiaux en Côte-d'Ivoire", Femmes et politiques alimentaires, *Coll. Colloques et Séminaires de l'ORSTOM*, Actes du Séminaire International ORSTOM- CI 14-18 Janvier 1985, Paris, pp. 433-445

VIMARD P. 1988-"Diversification des pratiques et des formes familiales en Afrique de L'ouest contemporaine", *Communication au XIIIème colloque*, Genève, 29 août-2 sept. 1988.

VIMARD P. 1988-Structures des ménages en pays Akyé, composition et typologie familiales à Memni et Montézo, Abidjan, ORSTOM, 25 p.

VIMARD P. et GUILLAUME A. 1988-"Mobilités familiales et spatiales des enfants en Côte-d'Ivoire", *Communication aux 3ème journées Démographiques de l'ORSTOM*, Paris, 20-22 sept. 1988 .

WILLIAMSON O.E. 1985-"*The economic institutions of capitalism*", The Free Press, New York,

WILLIAMSON O.E. 1989-«Transaction Coast Economics» in «*Hadbock of industrial organisation*», Vol. I, Elsiever Sciences Publishers, pp.136-182.

WINTER G. 1982-"Deux méthodes d'investigation irréductibles mais complémentaires", *STATECO*, n° 34, juin, pp. 78-89.

YUNG J.M. - ZASLAVSKY J.1992- "pour une prise en compte des stratégies des producteurs", Collection « Documents Systèmes Agraires », n° 18, CIRAD-SAR, 72 p.

ANNEXE 01 :
CARACTERISTIQUES DE L'UNITE DOMESTIQUE DE L'ETUDE

Dans les deux terroirs, la taille moyenne de la famille résidante est de 7,5 personnes. Ces chiffres se rapportent à 2 237 individus concernant la famille directe des chefs de ménages et à leurs dépendants (famille ou hors famille), les enfants qui ne vivent pas avec le chef de ménage ne sont pas intégrés. Deux variables démographiques déterminent et expliquent cette taille : l'âge (Cf. Fig. 14) et l'état matrimonial (Cf. Fig. 15) du chef de ménage.

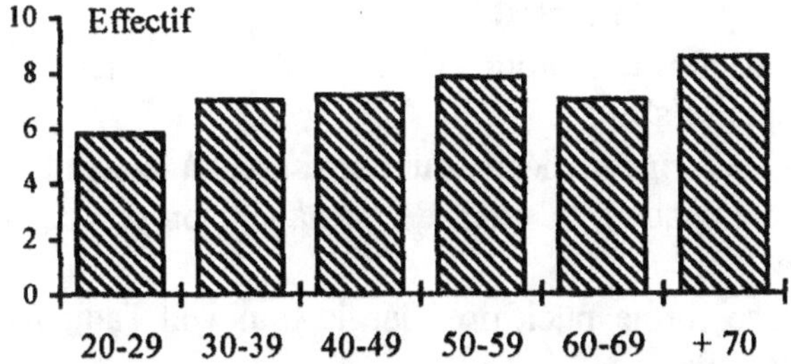

Figure 14 : Taille de la famille selon la classe d'âge

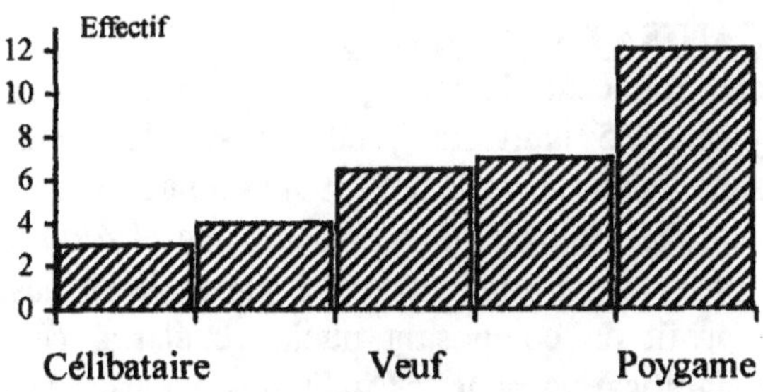

Figure 15 : Taille de la famille selon l'état matrimonial

SOURCE : Enquête juin 1986

77 % des enquêtés sont monogames et 12 % polygames (essentiellement des planteurs de plus de 50 ans, cependant une sous déclaration des mariages polygames est envisageable compte tenu du fort catholicisme dans les villages qui réprouve la

polygamie). Seulement 1% des chefs de ménage sont célibataires et dans les classes d'âge les plus jeunes. Le veuvage équivaut à seulement 6 % de la population (77 % des femmes, du fait du mode de transmission de la terre). Les séparés et divorcés représentent les 4 % restant.

Pour décrire la famille, nous avons privilégié l'utilisation d'un descriptif démographique qui se scinde en deux :
La composante centrale :

- Une forme **simple** : le chef de ménage seul ou avec son(ses) épouse(s)
- Une forme nucléaire qui correspond à la cellule de reproduction biologique : le chef de ménage, son/ses conjoint(e)s et ses enfants
- Une forme nucléaire élargie, qui voit l'adjonction des petits-enfants.

Le composant périphérique qui se réfère à la main-d'œuvre directe ou indirecte.

L'ORGANISATION DE BASE

La composante centrale correspond à la famille directe et comprend en moyenne 6,5 individus[93], elle se structure essentiellement en composante centrale nucléaire (49%) ou nucléaire élargie (40%), la composante centrale simple représente que 11% du total.
La composante nucléaire décroît à partir de la classe d'âge 40-49 ans au profit du composant nucléaire élargi, cette modification devient significative pour les individus à partir de 60 ans avec le poids des petits-enfants.
L'enfant constitue l'élément central de la famille (un apport de 3,1 personnes) et lui donne un âge moyen de 25,2 ans. Cette présence dans le ménage fluctue selon l'âge scolaire de ces derniers (cf. fig.16) et l'âge du chef de famille. Elle dépend également de l'état matrimonial du chef de ménage, les mariés monogames ayant en

[93] Si l'on ajoute les 48 % d'enfants de planteurs qui résident à l'extérieur, la famille moyenne atteint 11,01 personnes.

moyenne 3,1 enfants, les polygames 4,6, les veufs 2,4 contre 0,6 pour les divorcés.

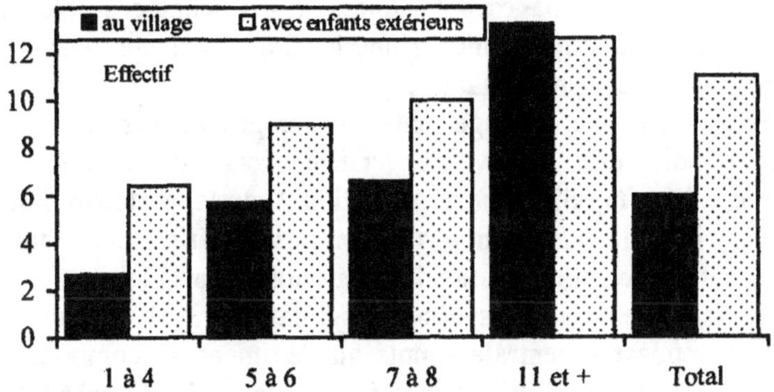

Figure 16 : Taille de la famille

SOURCE : Enquête juin 1986

La composante nucléaire élargie apparaît chez les chefs de ménage plus âgés qui hébergent leurs petits-enfants dans la structure[94].

L'ORGANISATION PERIPHERIQUE

La composante périphérique intègre les personnes de la famille indirecte, les ascendants et/ou les collatéraux ; et/ou les hors unité (notamment les manœuvres) mais qui vivent sous le toit et la dépendance du chef de ménage. Seulement 41 % des ménages ont un composant périphérique, soit en moyenne 1,0 personne.

Cette notion de composant périphérique illustre la liaison entre dynamique culturale et familiale et permet d'appréhender les stratégies de captation de la main-d'œuvre sur la plantation. Nous avons scindé la composante périphérique en trois catégories:

- Aucune composante périphérique (59%)
- Famille indirecte uniquement (24%)
- Au moins un sans parenté, essentiellement manœuvre (17%).

[94] L'augmentation rapide de la taille de la famille après 69 ans s'explique par la présence de petits enfants, venus le plus souvent pour scolarisation chez les grands parents.

Le composant périphérique évolue avec l'âge du chef de ménage et son état matrimonial.
51 % des chefs de ménages polygames, plus proches des valeurs coutumières, ont un composant périphérique, à dominante indirecte car ils emploient leur propre famille.
Les jeunes chefs de ménage ont un composant périphérique familial, tandis que les vieux tendent vers un composant périphérique hors famille pour la plantation. Ceux appartenant à la classe d'âge intermédiaire n'ont pas de composant périphérique mais plus d'enfants et de petits-enfants dans leur unité domestique.
L'apparition des enfants puis des petits-enfants oriente la famille vers une composante centrale simple au détriment du composant périphérique et plus particulièrement des ascendants[95]. De même, le composant périphérique des familles sans enfants s'élève à 1,5 individus contre 0,9 pour les ménages avec un composant nucléaire et nucléaire élargi.
Seuls, 47 % de la population productive, qui relève de l'autorité du chef de ménage, vivent à demeure sur la plantation et participent au procès de production. Les autres membres de l'unité familiale sont scolarisés ou exercent leurs activités dans d'autres secteurs de l'économie. 53 % des enfants ne vivent plus avec le chef de ménage, seul 27 % d'entre eux résident seul, les autres sont hébergés dans une famille d'accueil (43 % dans la belle-famille, filles essentiellement ; le reste se répartit chez des parents indirects).
Nous remarquons une relative "nucléarisation" des ménages qui s'inscrit dans le cadre du désengagement de la plantation, avec le départ des plus jeunes en ville. Cette nucléarisation est d'ordre géographique et non issue d'une transformation de la fécondité.

[95] Dans la population totale la présence de collatéraux et de petits-enfants représente 30 % de la taille totale du ménage, dans la population de planteurs elle n'est que de 17 %, sachant que les petits enfants à eux seuls constituent 13 % de l'unité familiale.

ANNEXE 02 :
METHODOLOGIE

METHODOLOGIE

Le choix de ces villages était induit par le fait que ces derniers disposent depuis 1952 de fichiers d'état civil, particulièrement bien tenus par un infirmier de la formation sanitaire de Memni (mission catholique). La découverte de cette inhabituelle qualité de l'information sur les variables du mouvement naturel a conduit à faire de ces deux villages un observatoire permanent des mouvements de population.

Nous disposions des résultats démographiques issus des travaux réalisés depuis 1982 par l'E.N.S.E.A. (Ecole Nationale Supérieure de Statistiques et d'Economie Appliquée) dans les villages de Memni et de Montézo, en collaboration avec l'ORSTOM depuis 1985.

- Le premier recensement eut lieu en février 1982.
- En avril 1983, l'E.N.S.E.A. a mené une enquête sur les activités économiques et l'habitat afin d'appréhender les potentiels humains et économiques.
- Une enquête à passage répété à partir des questionnaires de 1983 s'est déroulée en avril 1985, et une étude sur la fécondité fut menée de front. Ces enquêtes marquent le début de la collaboration entre l'E.N.S.E.A. et l'ORSTOM.
- Avril 1986, une enquête effectuée par l'ORSTOM sur la santé maternelle et infantile est venue compléter l'enquête fécondité de 1985. A la même période une étude sur les migrations a été menée auprès d'un échantillon stratifié d'après l'enquête de 1985.

En mars 1986, nous avons eu les premiers contacts avec les planteurs villageois. Une approche de terrain qualitative fut tout d'abord retenue afin d'identifier les données à collecter. Elle fut suivie par le travail d'enquête proprement dit.

Le travail de collecte se décompose en deux parties : enquêtes quantitatives[96] et enquêtes qualitatives.

ENQUETES DE TERRAIN QUANTITATIVES

CHOIX DE L'ECHANTILLON

Pour obtenir notre échantillon, nous avons isolé une sous population de l'enquête à passage répété de 1985 répondant aux caractères suivants : planteurs, chefs de ménage et indépendants.
Notre objectif de recherche a guidé notre choix de planteurs-chefs de ménages-indépendants.
L'étude concerne l'économie de plantation d'où le choix des planteurs.
Les renseignements démographiques sur l'unité familiale ne pouvaient être appréhendés qu'à partir du chef de ménage qui sert de référence à la famille.
Le statut d'indépendant a été pris comme troisième critère car nous souhaitions exclure les manœuvres ; ces derniers ne pouvant nous renseigner sur l'appropriation foncière, la mise en place de l'économie de plantation et les stratégies familiales. Cependant le statut salarial a été appréhendé dans le cadre d'une étude sur l'organisation sociale du travail.
Cette sous population, stratifiée selon l'âge et le sexe, a fait l'objet d'un tirage aléatoire. Celui-ci compte 265 planteurs, soit 34 % de la population totale concernée.
L'échantillon a été élaboré parallèlement au travail d'identification des sous thèmes à traiter. Un questionnaire fut élaboré, testé et modifié de nombreuses fois pour aboutir à notre première enquête quantitative.

[96] Questionnaires disponibles dans C. Fauusey-Domalain, 1996

ENQUETE GENERALE

L'enquête devait fournir le maximum de renseignements sur le planteur, sa famille et ses plantations, afin d'orienter les investigations qualitatives ultérieures. Elle s'est déroulée du 10 au 30 juin 1986, avec trois enquêteurs Akyé recrutés à Abidjan (niveau d'études correspondant au baccalauréat).

Le questionnaire se décomposait en trois sections :

- Section 1 : Constitution de l'unité domestique
- Section 2 : Collatéraux directs (frères, sœurs)
- Section 3 : Agriculture

Dans la section 1 nous avons recensé toutes les personnes résidant avec le chef de ménage et dépendant financièrement de lui, ainsi que ses enfants ; résidents ou non dans le village, autonomes ou dépendants.

Chaque individu était identifié selon diverses variables :

1. âge, sexe, Ethnie,
2. lien de parenté par rapport au chef de ménage,
3. état matrimonial,
4. statut de résidence (permanent, temporaire, émigré),
5. instruction,
6. activité (type, profession, statut),
7. lien de parenté avec la famille d'accueil (si celle-ci est extérieure au village),
8. lieu de résidence (Memni, Montézo ou autres villes pour les enfants).

Ces deux dernières variables concernaient plus particulièrement les enfants ne résidant pas avec le chef de ménage.

Nous avons pu évaluer la taille et la structure de la famille, ainsi que le degré de scolarisation et la situation professionnelle pour chaque individu. Les renseignements relatifs aux enfants, notamment le lieu de résidence et la profession visaient à estimer les éventuels flux financiers et la stratégie familiale du planteur.

La section 2 sur les collatéraux directs ambitionnait la compréhension de la stratégie familiale relative à l'exploitation, du degré d'implantation de l'individu dans le village et des éventuels flux matériels ou financiers dans le cas ou une partie de la famille réside hors du village. Les variables appréhendées sont le sexe, l'âge, le type de collatéraux, l'état matrimonial, le nombre d'enfants, l'activité (type, profession, statut) et le lieu de résidence.

La section 3 abordait l'agriculture, cette partie était divisée en quatre sous sections.

- La sous-section 1 nous renseigne sur les cultures de rente et les cultures vivrières : type de cultures, surface, âge de la plantation, mode d'exploitation, possibilité d'extension...
- La sous-section 2 concerne le foncier dans et hors village.
- La sous-section 3 s'intéresse à l'organisation sociale du travail, main-d'œuvre familiale et manœuvre.
- Une dernière sous-section cherche à identifier le cheminement antérieur du planteur, à la perception qu'il a de son métier, aux échanges qu'il effectue avec Abidjan.

Bien que cette enquête soit très riche en informations, le traitement de certaines variables a du être abandonné par manque de fiabilité (renseignements complémentaires sur les plantations détruites, sur les autres terres) ceci étant du à une mauvaise compréhension des questions par les enquêteurs, ainsi qu'à une défaillance du questionnaire qui se voulait trop complet.

ENQUÊTE RÉCOLTE.

La seconde enquête quantitative effectuée en janvier et février 1987, a porté sur les productions récoltées par chaque planteur de notre échantillon. Cette phase consistait en un relevé de la récolte en café et en cacao lors de la traite de 1986-1987, par les planteurs enquêtés en juin 1986.

L'enquête s'est déroulée du 21 janvier à la fin février (à cette période les planteurs viennent de terminer la récolte et se souviennent des quantités vendues). Elle visait à obtenir une estimation des quantités commercialisées, ainsi que les revenus perçus, par exploitation. La traite du café ayant pris du retard, nous avons refait un passage début mars 1987.
La collecte de ces informations s'est trouvée facilitée par la "comptabilité" des planteurs ; en effet que la vente s'effectue avec les acheteurs Dioulas ou avec le G.V.C. (groupement à vocation coopératif), les quantités commercialisées et le revenu perçu sont notés sur un carnet.
Le questionnaire portait sur les cinq dernières ventes de cacao et café de l'année : quantité vendue, prix obtenu, mois et année de vente. Les ventes effectuées lors de la petite traite de juillet à septembre ont été regroupées dans la première vente (nous avons certainement une perte d'information sur cette période car il semble que toutes les transactions ne soient pas notées). Le questionnaire était complété de trois questions :

- Possédez-vous des plantations de palmiers ? Les données relatives à cette culture nous ont été fournies par Palmindustrie. Cette question permet également de dissocier les palmiers traditionnels, de ceux gérés par Palmindustrie, séparation que nous n'avions pas effectuée lors de la première enquête.
- Possédez-vous de jeunes plantations de café ou de cacao ?
- Avez-vous eu recours à des emprunts avant la traite ?

Ces deux dernières questions permettant de mieux apprécier le dynamisme des planteurs.

ENQUETE ECOLE - CM2

Nous avons enquêté des élèves pour comprendre leur logique. Dans un premier temps des rédactions ont été demandées aux enfants des écoles de Memni et de Montézo en CM2. La moitié des effectifs de chaque village a été enquêtée soit 239 élèves, quatre classes sur huit à Memni (deux de l'école publique et deux de l'école privée) et trois classes sur six à Montézo (deux de l'école publique et une de l'école privée). Les résultats obtenus ont fait ressortir une préférence pour un métier urbain, aussi la décision a été prise de repasser dans les écoles avec un questionnaire plus élaboré et semi-ouvert.

Les mêmes classes et les mêmes élèves ont été ré-enquêtés les 23 et 24 mars 1987. Le questionnaire s'intéressait :

1. au métier que ces élèves désiraient exercer plus tard,
2. à leur perception de la ville,
3. à leur perception du métier de planteur,
4. à des renseignements sur la profession du père, des frères et des sœurs, le lieu d'exercice de leur travail ainsi que le lien de parenté avec le tuteur pour les enfants confiés.

Les résultats obtenus après ce passage ont orienté notre étude, sur le milieu urbain, notamment pour la détermination des flux.

ENQUETE "DETERMINATION DES FLUX"

Au vue des résultats des enquêtes précédentes et de l'observation qualitative, une estimation des flux monétaires et matériels est apparue nécessaire. Etant donné la taille de notre échantillon et le temps imparti, une stratification fut élaborée en fonction de l'âge, du niveau d'instruction du planteur et de la taille de la plantation. Trente planteurs ont été tirés au hasard, soit 10% de la population enquêtée (ce taux représentant un seuil acceptable de représentativité statistique).

La collecte s'est effectuée en deux temps :

1. <u>En octobre 1987</u>, ont été abordées les dépenses et recettes liées :

- à la plantation à travers les coûts d'exploitation et les ventes secondaires,
- les transferts entre membres de la famille ou entre familles (ville-village ou à l'intérieur du village),
- aux activités annexes,

- aux dépenses familiales ayant trait à la maison et aux dépenses culturelles et sociales,
- aux dépenses en nourriture et revenu de l'épouse.

2. En novembre 1987, une enquête sur les dépenses scolaires et de santé s'est adressée aux même planteurs.

Cette période a été choisie car un mois après la rentrée scolaire, les dépenses viennent d'être effectuées par la famille et sont divulguées sans trop d'oblitérations. Les dépenses de santé n'ont pu être abordées que globalement, car trop éparses dans le temps pour être crédibles, leur résultat ne pourra fournir qu'un ordre de grandeur.

Ce travail fait à une échelle réduite ne prétend pas définir et cerner la totalité des flux, mais nous donne une vision approchée des différentes formes de circulation monétaires et physiques.

OBSERVATIONS QUALITATIVES

Le travail qualitatif a eu lieu entre chaque enquête quantitative, pour définir les questions importantes, préparer la collecte, puis pour affiner nos données. Ce travail consistait à s'intégrer à la vie des villageois pour obtenir les renseignements les plus fidèles possibles. Nous avons travaillé aux niveaux individuel et collectif.

AU NIVEAU INDIVIDUEL

Les planteurs ont été suivis dans leur évolution quotidienne sur les plantations et au village. La plantation peut se trouver à proximité du village, auquel cas le planteur part le matin pour rentrer le soir, mais si la distance est trop grande, un campement est créé. Une présence sur la plantation a permis l'étude de la division sociale du travail et de l'organisation de la production. Nous étions présents aux trois phases de production : défrichage, entretien, récolte et ceci sur un cycle de culture. Le planteur se trouve au village le soir si sa plantation est peu éloignée, ainsi que les jours jugés néfastes par les Akyé, le dimanche et les jours de fêtes ou décès. Il a une vie sociale et n'y travaille pas si nous sommes en présence d'un chef de ménage homme.

Des entretiens semi-directifs, effectués avec transcription directe ou enregistrements que l'enquêteur retranscrivait à Abidjan, ont été menés pendant cette phase, aux moments où le planteur est le plus disponible c'est à dire le soir.
Cet aspect de terrain a très certainement été le plus instructif pour la compréhension des mécanismes.

AU NIVEAU COLLECTIF

Ce n'est qu'en tant qu'observateur "passif" que nous avons participé aux manifestations collectives ou à but communautaire.

- Les réunions de village sont prises sur l'initiative du chef pour discuter de problèmes divers (relatifs aux planteurs, aux jeunes, à de nouvelles constructions collectives...). Elles illustrent les conflits d'intérêt et d'influence de chaque individu ou groupe de génération.
- Les fêtes : funérailles, fête de génération, anniversaire illustrent le poids de la tradition.
- Les réunions diverses organisées par les jeunes du village réunis en association ou les notables pour régler les dissensions.
- Les réunions des organisations de ressortissants du village à Abidjan.

RENSEIGNEMENTS COMPLEMENTAIRES

Cette partie concerne la collecte de données dans les ministères, les sociétés de développement, la préfecture d'Alépé...

PRINCIPAUX SIGLES

ADERAM : Association des ressortissants de la région d'Alépé
ASSODEM : Association pour le développement de Memni
CAF : Coût Assurance Fret – prix du produit au port de débarquement
CM2 : Cours Moyen 2ème année
CSSPPA : Caisse de Stabilisation et de soutien de prix et produits agricoles
ENSEA : Ecole Nationale de Statistiques et d'Economie Appliquée
FOB : Free and Board – prix du produit sur le bateau à l'embarquement
GVC : Groupement à Vocation Coopérative
ICO : Organisation de Recherche sur le Café Cacao
IRCC : Institut de Recherche sur Café Cacao
MUDERZO : Mutuelle de Développement des Ressortissants de Montézo
ORSTOM : Institut français de Recherches Scientifiques pour le Développement en Coopération
PIB : Produit Intérieur Brut
RAN : Réseau Abidjan Niger
SATMACI : Société d'Assistance technique pour la modernisation agricole de la Côte-d'Ivoire
SODEFEL : Société de développement des fruits et légumes.
SODEPALM : Société de Développement du Palmier

LISTE DES FIGURES

LISTE DES TABLEAUX

TABLE DES MATIERES

Collection Les Cahiers de la Bibliothèque du développement

Déjà parus

Gabriel ZOMO YEBE, *Comprendre la crise de l'économie gabonaise*, 1993.

Jean-Paul AZAM, Catherine BONJEAN, Gérard CHAMBAS, Jacky MATHONNAT, *Le Niger, la pauvreté en période d'ajustement*, 1993.

Jean-Yves LESUEUR, Patrick PLANE, *Les services publics africains à l'épreuve de l'assainissement : une évaluation économique et sociale*, 1994.

Christian GROOTAERT, *Réformes économiques et analyse de la pauvreté, l'expérience de la Côte d'Ivoire,* 1996.

Paul NOUMBA UM, *La privatisation des télécommunications, le cas des pays en développement*, 1997.

www.ingramcontent.com/pod-product-compliance
Lightning Source LLC
LaVergne TN
LVHW012047041026
849558LV00038B/516
9782738498281